高校学生管理
与校园文化建设研究

徐　晶◎著

吉林人民出版社

图书在版编目（CIP）数据

高校学生管理与校园文化建设研究 / 徐晶著 .
长春 : 吉林人民出版社 , 2024.9. -- ISBN 978-7-206
-21450-9

Ⅰ.G645.5；G647

中国国家版本馆 CIP 数据核字第 2024L19F62 号

责任编辑：王　斌
封面设计：王　洋

高校学生管理与校园文化建设研究

GAOXIAO XUESHENG GUANLI YU XIAOYUAN WENHUA JIANSHE YANJIU

著　　者：徐　晶
出版发行：吉林人民出版社（长春市人民大街 7548 号　邮政编码：130022）
咨询电话：0431-82955711
印　　刷：三河市金泰源印务有限公司
开　　本：787mm×1092mm　　　1/16
印　　张：9.5　　　　　　　字　　数：100 千字
标准书号：ISBN 978-7-206-21450-9
版　　次：2024 年 9 月第 1 版　　印　　次：2024 年 9 月第 1 次印刷
定　　价：68.00 元

前　言

当前，随着高等教育体制深化改革的步伐加快，社会各界对高等院校寄予了新的期望，促使高校对学生管理工作的重视程度日益增强。校园文化围绕"学生及教职员工"这一核心，以校园为载体，在特有教育环境下逐渐积淀，形成一种蕴含社会主义精神文明特质、体现时代精神风貌及高尚道德情操的集体文化现象。一个健康的高校校园文化生态系统，为学生创造和谐的学习与生活环境，是保障学生管理工作顺畅推进的重要基石。因此，在高校实施学生管理过程中，构建一个和谐良好的校园文化环境，不仅能有效激励学生主动求学、教师积极施教，还能弘扬正气，营造积极向上的精神文明氛围，从而有力提升学生管理的质量与效率，保证学生管理工作的平稳运行与发展。

作为社会文化体系的关键构成，高校校园文化的健康发展需要借助校方相关部门的积极引导与规范管理。校园文化建设活动应聚焦服务师生，核心目标在于构建优良的校园生态，为学生管理工作铺设平稳轨道。

校园文化是高校独特精神面貌、文化底蕴及生活风格的镜像，深刻映射出学生的思想道德水准、政治文明素养及日常行为规范。

高校学生管理工作，作为高校管理体系的支柱之一，直接影响大学生的学习生活与个人成长。事实上，学生管理工作的有效实施基于校园文化的滋养；同时，校园文化的积淀也离不开扎实的学生管理基础，两者相辅相成，紧密相连。鉴于此，在新的时代背景下，强化校园制度文化、优化环境文化、深化精神文化建设尤为重要，旨在共同营造一个和谐的校园氛围，保障学生管理工作的高效推进。

　　本书编写时间紧迫，虽尽力完善，但仍可能存在不足与遗漏，恳请诸位读者不吝赐教，提出宝贵意见！

目　　录

第一章　学生管理工作与校园文化建设概述

第一节　高校学生管理的内涵

一、高校学生管理工作概述

（一）内涵

高校学生管理工作，是学校领导者与管理人员为达成培养高素质学生目标，依据国家教育政策与法律法规，通过科学且有规划的方式，组织、指导、协调校内各种资源——涵盖人力、财务、物资、时间与信息等资源，并涉及对这些资源的预测、规划、执行、反馈及监管的综合性管理学科。

在高等教育体系中，学生管理不仅是学校管理的关键环节，还蕴含着广泛而深远的意义。首先是对管理对象，即青年大学生的生理心理特性、知识能力结构、兴趣爱好，以及社会环境对其产生的效应进行探究，深入了解他们的思想动态与教育管理的内在规律。其次，着重提升管理者，特别是学生工作专业人员的综合素质，包括思想觉悟、文化底蕴、理论水平及业务能力，强调这些素质的培育途径与管理团队的构建。最后，该领域需深入分析学生管理机制、普遍管理原则与策略，具体到学习引导、日常生活管理、课外活动组织及思想教育等方面的目标设定、基本原则、政策措施与规章制度等实践应用。

（二）研究的内容

高校学生管理既是一项蕴含教育科学规律的教育任务，也是一项遵循管理科学原则的具体实践活动。因此，它成了高等教育学与管理学交汇融合的产物，即一门综合性强的应用型学科。如同所有管理科学研究的核心在于效率最大化，高校学生管理的具体探讨聚焦于如何以最高效率实现对学生培养目标的达成。在中国情境下，这意指探索符合党和国家教育方针的路径，旨在寻找最优化策略、决策过程、管理体系与组织架构，以及操作流程，以培养德、智、体全面发展的专业型人才。这一领域涉猎多学科知识，包括马克思主义哲学、高等教育学、社会学、心理学、管理学、行政管理、统计学、控制论、信息论、系统理论等。鉴于此，对中国高校学生管理的研究，需要跨学科地运用各类相关理论，深入剖析我国大学生管理的实际案例，确保管理实践建立在坚实的科学理论基础上。只有这样，从事学生管理的工作人员才能运用科学的管理理念和方法，有效开展工作。

在对大学生进行严谨管理的同时，必须妥善处理以下关键关系。

1.学生管理与规章制度的关系

高校学生管理的关键在于制定并执行必要的规则体系。依据党和国家的教育导向，考虑青年学子成长特性和长期工作经验积累，教育部颁布了《普通高等学校学生管理规定》，构建了科学管理大学生的基础框架。各高校据此结合自身实际情况，不断完善制度建设，形成一系列具体规章制度。而管理实践的反馈又能进一步促进这些规章的充实与完善，增强其全面性和科学性。

2.学生管理与思想政治教育的关系

在高度重视管理工作的同时，务必重视思想政治教育的支撑作用。任何偏重严格管理而轻视思想政治教育，或仅侧重思想教育而忽略制度管理的做法，都是片面且不可取的。毕竟，管理本身就是教育的一种形式，而教育又是管理顺利执行的保障。唯有将严谨的管理与思想政治教育紧密结合，学校工作才能步入一个有序、高效的运行状态，这一点已被实践充分证实。

二、高校学生管理的指导思想与原则

（一）高校学生管理的理论根据和指导思想

在中国高校的学生管理实践中，应着重采纳并贯彻以下理论视角与指导原则。

1.坚持马克思主义关于人的全面发展理论

高校在进行学生管理工作时，首要解决的问题是"为何培养人"及"培养怎样的人"。鉴于我国社会主义大学的特质，确保毕业生不仅具备坚实的科学文化素养与强健的体魄，还必须具备高度的社会主义意识，即他们应当是有理想信念、道德情操、文化底蕴和纪律观念的新型人才。因此，遵循马克思主义全人教育的理念至关重要，该理念强调个体在德育、智育、体育等方面的综合发展。培养德、智、体全面发展的社会主义建设者和接班人，正是对马克思主义这一核心理论的实际应用。所有教育机构都应致力于培养兼具理想、道德、文化和纪律的复合型人才，而全面发展的个人也是中国特色社会主义建设的基本需求。这既是对马克思主义全面发展理论的继承与拓展，也是党和国家教育方针的具体体现。因此，高校必须将培育全面发展的"四有"新人作为根本使命和最终目标。

2. 运用马克思主义辩证唯物主义理论

马克思主义辩证唯物主义哲学是所有社会科学与自然科学的理论基石，其认识论与方法论不仅贯穿社会科学和自然科学的各个领域，也深深融入高校学生管理的科学体系。这要求高校在学生管理中运用对立统一的原则，秉持一种全局性的管理视角。从纵向维度来看，全局观意味着局部与整体的和谐统一。在学生管理这一复杂系统的框架下，每个构成部分虽可视为独立的子系统或局部，但它们共同组成了一个有机整体。整个管理系统效能的发挥，依赖各部分之间结构与功能的协同整合。尽管每个子系统都有独特的功能定位，但它们都需要服务整个学生管理系统的目标与功能，所有构成元素的设置都是为了实现整体的培养目标。从横向维度来看，全局观体现在确保各子系统间分工协作的一致性，即通过有效协调各部门的工作，确保它们围绕培养全面发展人才这一共同管理目标协同运作。简言之，无论是从结构的纵向整合还是职能的横向配合来看，都需要坚持整体观，以促进学生管理工作的高效与和谐。

3.运用高等教育和现代管理科学理论指导高校学生管理，使大学生管理科学化

现代治校理念倡导我们运用现代科学技术治理学校、指导学生管理工作。具体包括两个重要方面。首先，高校要依循教育科学，尊重并运用教育内、外部规律。例如，高等教育的规模受限于特定的经济基础，同时对经济基础产生反作用。作为高等教育的主要承载体，高等院校在人才、资源和市场方面的竞争日益加剧，其理念、体制与结构正在经历前所未有的变革和调整。高校需要紧贴社会脉动，面向市场需求办学。其次，高校要借助现代管理科学的理论与方法强化管理，确保管理团队结构严谨、制度科学、分工清晰、职责明确，同时奖惩有度、协调一致、高效运行。应用现代管理科学于学生管理，核心在于遵循其基本原则，即系统整体性、要素有效性、动态关联性、人的主体性、规律效用性、时空变异性、信息流通性及控制反馈性等原理。因此，高校应努力实现管理组织系统化、决策科学化、方法规范化和手段现代化，在实践中不断提升管理效能。

4.继承和发扬我国多年来高校学生管理的成功经验

自中华人民共和国成立以来，数十年间积累的高校学生管理经验，为当前的学生管理工作提供了珍贵的借鉴与财富。

首先，社会主义大学的根本在于坚持中国共产党的领导和社会主义办学方向，这是我国从长期高等教育实践中总结出的基本经验。这意味着要将党的路线方针政策作为指导高校管理的基石，确保学校的社会主义属性，激发全体师生的积极性，共同致力于培养德、智、体全面发展的高水平专业人才。基于我国大学的社会主义性质，所有管理工作都应遵循党的路线方针政策进行组织和实施，确保规章制度的制定有利于维护国家基本政策，激发师生的社会主义热情，这是评价管理效能的基本标尺。

其次，管理工作的规范化与制度化至关重要，即将经实践验证、符合社会主义方向的民主管理与科学管理机制、程序和方法，通过制度形式确立下来，形成规范化的运作模式。其核心在于，实现责任、权力与利益的有机结合，确保制度既体现思想性又不失科学性。

再次，坚持理论与实践相结合，面向社会实际，践行教育与生产劳动相融合的教育理念。社会主义大学培养的人才需要满足社会主义市场经济的需求，不仅要在思想上具备坚定的社会主义信念和共产主义奉献精神，而且在专业技能上要理论与实践兼备，既能分析解决问题，又具备实践操作能力和独立工作能力。

（二）高校学生管理的原则

原则是对客观规律的认知体现，是指导我们分析问题和解决问题的准则。在教育领域中，社会主义学校管理学的原则，实质上反映了学生管理内部关系的客观规律性，而非主观臆造的产物。在学生管理工作进程中，管理原则扮演着承上启下的核心角色，是管理的终极目标与实现这些目标的实践路径，是管理活动中指导人员行为与事务处理的基本法则。管理原则是学生管理工作遵循的行动指南，明确了采用有效管理手段的基本前提。此外，管理原则与管理目标设定、管理过程实施、管理方法选择、管理制度建设及管理者能力培养等各方面紧密相连，居于统领和指导地位。

1.高校学生管理的基本原则

社会主义大学的学生管理基本原则，依据学生管理工作旨在达成的目标、承担的职责及培育学生成长为符合社会主义要求的高素质人才的内在规律确立，对其他特定与个别的管理原则起到约束与引导作用。

2.学生管理工作方向性原则

管理活动本质上具有目的性，因而管理工作不可避免地具备方向性。坚持社会主义方向，构成了我国学生管理工作的根本特性。处于社会主义国家，我国高等院校理应成为践行社会主义教育理念的重要阵地。社会的根本属性决定了教育机构的性质，进一步界定了教育机构一切管理活动的本质特征。基于此，我国高等教育中的学生管理工作，作为一种具备明确目标与高度自觉性的活动，必须坚定贯彻党的领导，秉承中国特色社会主义的发展道路，致力于为社会主义现代化建设培养大量合格人才。这是一条决定工作方向性的基本原则，是我国高校学生管理工作不可偏离的航向。

3. 理论与实践相结合的原则

将理论知识与实践活动紧密结合，并坚守实践作为验证真理的唯一标准，是马克思主义的核心理论，也是高校学生管理工作秉持的基本原则。深入理解和掌握马克思主义的科学理论及各类管理学说的精髓，是有效开展学生管理工作的基础条件。然而，管理理论的实际应用效果与适用范围，会受到各高校具体环境、管理对象的差异以及管理者能力水平等因素的影响。在推进社会主义现代化建设的过程中，党和国家确立了基本的教育方针与政策，并根据不同的发展阶段和社会需求，适时提出适应新时期特征的具体方针、政策与要求。这些宏观指导思想应融入各高校学生管理的实践操作策略和手段。同时，科学合理的管理模式还需要紧密联系本地区、本校实际情况，考虑学生的具体专业、年级，以及他们的个人素质、兴趣爱好、青年时期的生理与心理特点，从而量身定制管理方法与措施，确保教育引导工作的针对性与实效性。

4. 行政管理与思想教育相结合的原则

培养学生的共产主义道德品质，不仅需要细致入微的理论引导，还离不开持之以恒的行为实践，以确保学校的教育导向转化为学生的日常习惯，否则教育成果难以稳固。学生正面行为习惯的塑造与科学管理密不可分，缺乏合理的规章制度和行为规范，思想品德教育会显得空洞乏力。在培育社会主义合格接班人的过程中，行政管理发挥着不可小觑的作用，它为教育活动提供了规范框架、准则和纪律支持。然而，具体到大学生管理层面，则是通过规章制度和行为纪律科学引导与约束学生的思想行为。这些制度、措施和纪律，实质上体现了社会与高校对大学生的集体期望及其行为的外在规范，然而仅依靠管理制度解决学生复杂的内心世界问题是违背教育规律且不现实的。因此，社会主义高校在制定与执行管理措施时，必须以增强学生的认知能力，激发他们自觉遵守规则的意愿为基础。自觉遵守纪律源自正确的认识，这背后是恰当的教育引导。高校唯有借助科学而高效的思想教育手段，帮助学生提升遵守纪律的主动性，才能充分发挥管理的真正效能。

5.民主管理原则

在社会主义高校的学生管理实践中，促进学生自我调控与自我管理能力的提升是一个至关重要的方面，激发他们在管理活动中展现主动性和主人公精神，充分激发他们参与自我管理的内在动力。因此，在此背景下，坚持民主管理原则与高校学生管理的总体目标高度契合。

从大学生的心理发展特点来看，他们正处在自我认知的关键阶段，他们渴望认识并驾驭自我，同时期望影响周围环境，表现出相较于中学生更显著的独立思考和行为倾向，渴望获得外界对他们意志和个性的更多尊重。他们会对学校的规章制度、行为规范进行理性审视，不愿仅仅处于被动接受的位置，而更倾向于参与到管理过程。鉴于社会主义大学的育人目标及学生的心理特征，高校在管理中应大力弘扬民主精神，既将学生视为管理的客体，也将学生视为管理的主体。

实施民主管理时，高校需重视党员和团员学生的模范引领作用，加强对学生干部的选拔与培养。这是调动学生群体中的积极力量，实现民主管理目标的关键举措之一。

（三）高校学生管理的方法

高校学生管理的方法，具体是遵循既定管理原则，旨在达成大学生全面发展目标，在德、智、体等方面所采取的一系列实际操作方式、步骤、路径及工具。

通常，这些管理方法可归纳为四大类。

1. 调查研究

对于学生的情况，应当定期进行调查、深入了解并及时掌握，一旦发现问题就立即采取相应措施解决。在进行调研时，需事先周密规划调查的对象、目的及方法，避免临时抱佛脚或敷衍了事的态度。调研过程中，应保持客观公正，遵循实事求是的原则，不可预设结论或仅凭上级指示搜集证据材料，而应基于实证进行判断。在此基础上，站在马克思主义的立场，运用马克思主义观点和方法，对调研资料进行综合分析与深入研究。

2. 建立规章制度

在大学生管理实践中，建立健全一系列科学合理的规章制度是不可或缺的方法，这些规章制度需要与大学生的身心发展特点相适应，符合教育规律及德、智、体全面发展的培养目标，且在教育实践演进中持续完善，同时保持必要的稳定性。

3.实施行政权限

围绕学生管理的宗旨与内容，制定详尽的规章制度、执行细则及学生行为准则，运用行政手段进行管理，并依托管理机构、工作人员及全体师生共同参与监督执行，确保学生个人或集体活动符合管理目标。行政管理方法包括奖励与惩戒两个方面：对于遵守制度、行为合规的集体或个人，应给予表彰；对于违反制度、行为失范者，须明确限制措施，尤其是对情节严重者，更要施以严格的制度约束。

4.适当运用经济手段

经济手段作为行政管理的辅助措施，在学生管理活动中体现为对学生施以物质激励或约束的形式。采用经济手段，并不意味着行政管理本身的效力不足，而是因为它直接影响学生的物质利益，能在某些方面发挥行政手段难以比拟的作用。然而，在运用经济手段进行学生管理时，需警惕一种偏颇：过分依赖经济奖惩而轻视日常教育引导，或是低估行政管理的重要性。同时，应当均衡对待，既不仅关注以经济奖励优秀学生而忽略对违规行为的经济制裁，也不单一强调惩罚而忽视奖励的正面激励，以免削弱经济手段的有效性。

第二节　高校学生管理的历史与基本经验

一、高校学生管理的历史沿革

（一）我国古代大学生管理

大学生管理的历史与大学教育的诞生同步延展。早在殷商时期，我国高等学府的雏形——瞽宗与右学就已出现，并对学生的入学条件与期限有所限定。《礼记·学记》记载，国学中的大学教育周期为九年，入学资格与年龄依个人社会地位而异：帝王的王子十五岁即可进入大学，而公卿大夫的嫡子则需等到二十岁。汉朝创建的"太学"，作为中央的顶尖学府，标志着传授知识与钻研学术的高等教育体系确立。唐朝时期，除了太学之外，还设有国子学、四门学，并首次确立了实用学科教育，这是我国封建教育最繁盛的时代。太学的招生途径包括太常直接推荐及各州郡、县选送，选拔标准兼顾德行与才华，注重仪表，虽设有年龄门槛，但对天赋异禀者适当放宽。在太学，学生既可享受官府资助，也可自费学习，毕业后主要通过考试或举荐步入仕途。古代大学的入学资格带有明显的等级色彩。以唐代为例，国子学限定三品以上官员子弟入学，太学为五品以上，而四门学则为七品以上。彼时，学校已初步形成学制体系，涵盖了升级与退学规则、考试与作息安排等。

宋朝至清朝，高等教育机构被称为"书院"。自宋朝以来，学生管理制度中的学规、学则及奖惩体系趋于严格，特别增设了负责监管学生品行的专员与部门。如元朝设置了学正与学录职位，明确其职责为"明确规章制度，督促进修学业"。同时，元朝建立了详细的"黜罚条例"，明确规定："对于参加私下考核累积积分的学生，若存在怠慢学业或违反规定行为，初次违规扣一分，再次违规扣两分，三次违规则开除学籍。"到了明朝，学生管理更为精细，如国子监学生享有丰盛的膳食供应，每年配发衣物鞋袜，节庆时另有钱财奖励，甚至提供探亲路费。与此同时，"黜罚条例"也更加严苛，细化到学生的服饰穿戴、行为举止、饮食习惯等均须符合规范，夜晚须留宿校园，如有特殊情况需在外过夜，必须提前通知班级导师。

（二）我国现代大学生管理

1922年，"新学制"的出台，标志着我国高等教育迈入现代大学时代。这一被称为"壬戌学制"的教育体系规定：基础教育阶段实行六年小学、三年初中、三年高中的学制，大学教育为四至六年，医学及法学专业至少需五年，师范大学为四年。此学制自颁布起沿用至1949年，其间虽历经三次修订，但基本框架得以确立。

这一时期涌现了一众杰出的教育先驱，包括蔡元培、李大钊、鲁迅、陶行知、竺可桢等。在学生管理领域，他们倡导尊重学生个性，推动学校民主治理；强调对学生的理解先行，"缺乏理解而一味强求执行，将严重阻碍学生发展"；主张成为学生的引导者而非命令者，"长辈应是指导者、协商者"；鼓励学生追求真知，注重实践教育。教育大家陶行知先生曾强调，"不懂农事，不为真学生"，极力提倡教育与实际生活紧密结合。这些理念与主张，至今仍对现代学生管理具有积极的启示意义。

民国时期，高等教育招生制度也有了革新。1939年，教育部制定了《国立各院校统一招生办法大纲》，明确指出由教育部设立统一招生委员会，负责统一考试与录取事宜，之后再将学生分配至各高校。

针对学生成绩评估和升级、留级的管理体系，教育部于1940年出台了针对专科及以上学校的学生考核规定：每学期期末，学生均需参与考核，其成绩结合平时表现综合评定；若学期考试未达标，则有一次补考机会，但分数低于40分者不可补考，需重修课程；若不及格课程学分超过该学期总学分三分之一，学生将被要求留级，超半数者则需退学处理；至于毕业考核，采取全面考核方式，不仅要考查最后一学期的至少四门课程，还要通过三门以上前期核心课程，未能合格者不予毕业。1941年，教育部进一步细化了128条专科及以上学校的学籍管理规则，对考试与升降级政策加以补充：学生评价分为品德成绩和学业成绩两部分，品德成绩不合格的学生面临退学或不予毕业；学期不及格课程学分占比超过总修读学分一半的学生，直接退学，无补考机会；毕业考试未通过科目允许补考，补考仍未通过的学生，则需重修相应课程。

二、高校学生管理的基本经验

自中华人民共和国成立以来，大学生管理工作的道路经历了起伏与变迁。每当管理措施贴近我国国情，并且遵循管理学的基本原则时，则管理成效显著。历史上的成功案例与挫折教训，尤其是近十年管理改革的深度探索，共同推动了大学生管理向更加科学化、系统化的方向迈进。通过对这些正面经验与反面教训的系统梳理，高校在学生管理上积累了宝贵经验。这些经验可归纳为以下四个核心要点。

第一，高校学生管理务必紧密围绕我国的教育培养目标进行，即为社会主义事业培养接班人和建设者。学生管理作为实现这一目标的手段，必须服务国家的教育方针；脱离了这一根本目标，任何管理措施都将徒劳无功，甚至适得其反。因此，大学生管理尤为强调目标导向，在管理过程中要彰显学校的引导作用，确保培养的人才能满足社会主义建设需求，从而确保教育方针得到有效实施。

我国社会主义政治经济体系的确立，决定了教育的社会主义性质。相较于封建主义教育和资本主义教育，社会主义教育的根本区别在于坚持党的领导、服务社会主义现代化建设、教育与生产劳动相结合，以及培养德、智、体、美、劳全面发展的社会主义建设者和接班人。高校工作的首要任务是明确培养什么样的人，学生管理工作也不例外。然而，在某个时期，许多学校时常偏离这一核心目标，导致管理混乱的局面。

第二，高校学生管理必须遵循教育的基本规律，建立和完善一套科学的管理体系。作为管理科学的一个分支，大学生管理应当积极汲取国内外管理科学领域的有益经验与理论成果，以便更好地服务和实现高校管理的基本目标。同时，必须认识到，大学生管理具有独特性。高校管理的对象是大学生，他们受教育者的身份超越了简单的人的因素，与中学生及在职干部有显著不同。因此，对大学生的管理必须遵循教育的内在规律，依据教育学与心理学揭示的科学原则实施，比如，处理好智育与德育、体育的关系，知识获取与能力培养的平衡，以及理论教学与社会实践的结合等问题。在心理学层面，需要关注并研究大学生的注意力、感知、记忆、思维、想象、情感、意志、气质、性格、能力等，确保高校管理能精准把握学生的心理状态，使管理措施更具实际效用。应当注意，当代大学生渴望成才，寻求理解，但往往缺乏实践经验与实际工作能力，高校管理需要体现其针对性和实效性。许多高校开展的心理咨询服务便是强化管理的有效途径之一。科学的心理咨询不仅能帮助学生消除心理困扰，还能引导他们正确思考与观察问题，预防不幸事件，及时化解矛盾，这些都是教育学、心理学及相关科学综合应用的成果体现。

管理作为一种实现目标的工具，主要依赖各类规章制度和方法的运用。从本质上讲，科学管理是法治精神的体现，即依规治理。众多管理原则通过这些规章制度和方法得以具体化，并付诸实践。

在大学生管理的范畴中，建立一套涵盖德、智、体及日常生活各方面的管理制度，实质上是对学生的一种约束与规范，旨在引导他们的思想与行为符合既定的培养目标。

构建一套管理制度。首先，其科学性至关重要，制度须贴合客观实际，遵循事物发展规律。针对大学生的管理制度的制定，必须深入调研，透彻了解大学生现状，确保制度既符合学生实际情况，又满足培养需求，具备可执行性，并且需要考量地域或学校特有情况，确保制度制定立足实际，理论与实践相结合。其次，制度应具备可操作性，清晰界定哪些行为应为、哪些行为不应为，以及执行后的检查标准，便于执行与落实，做到有章可循。制度配套建设在此尤为重要，确保各项规定相互支撑，形成完整体系。

教育部颁布的《大学生行为准则》与《普通高等学校学生管理规定》等文件，均是在长期学生管理实践经验基础上总结提炼而成的基本规定与法规。这些基本规定与法规的存在，为高校管理提供了明确的操作依据。但在实际执行过程中，各高校需依据自身和地区具体情况，对基本原则进行细化，制定具体的实施方案，使其更接地气。

制度与方案确立后，严格执行成为关键，必须定期进行监督与反馈。有法不依，不仅损害法规的权威性，还会削弱执行者的公信力，必然引发管理的混乱。

第三，高校学生管理必须组建一支高素质的管理团队。科学健全的管理制度，既需要人去制定，还需要人去执行，因此，建立一支训练有素的管理队伍是实现高校学生管理的核心要素和坚实保障。近年来，学生管理团队虽然在不断壮大和强化，但仍存在一些认知偏差。

提升高校学生管理水平的首要任务在于提升管理者的综合素质。学生管理者应是具备专业素养的人才，尤其是管理学作为一门迅速进步的学科背景下，管理工作越发需要既懂理论又有实战技巧的专业人士。因此，学生管理团队成员要持续学习深造，理论联系实践，不断提升自我。过去视管理者为"万事通"的观念已不合时宜，必须摒弃。管理者不仅是权力的持有者，更是充满热忱的服务者，要成为学生的良师益友。他们以优秀的政治素质和道德风貌影响学生，其言行皆具有潜移默化的教育效果。同时，他们通过完成任务、达成目标服务学生。学生管理者不仅要精通管理学，还要涉猎教育学、心理学、公共关系学、文学、美学等领域。此外，他们还要强化自身能力锻炼，涵盖组织协调、思想工作、调研分析及独立解决问题的能力等。

高校学生管理不是单一管理者的独立行动，而是多级层、多序列管理者间的协同合作。鉴于学生管理的广泛性和大量性，从招生至培养、就业的每一环节点均需围绕学生展开，形成统一的管理合力。在此过程中，教师因传道、授业、解惑而拥有独特的影响力，因此，专业教师也应是学生管理团队中不可或缺的成员。唯有通过多层次、多角度的教育与管理结合，才能使管理更加严密且高效。

加强并稳固学生管理队伍，除了需要在政治上关怀、业务上提升、明确职责分工、严格要求外，还需要在生活及其他福利待遇上给予关注和保障，确保他们能全心全意投入本职工作。

第四，高校学生管理要求学校所有部门共同参与，协同合作。毛泽东同志早有精辟见解：思想教育工作是全局性任务，各个部门都责无旁贷。共产党、共青团、政府部门以及学校的领导和教师，都应承担起这一责任。这一原则同样适用大学生的日常管理，无论是思想教育还是具体事务，都需要全校上下一心，共同协作，形成有效的管理合力。我国高校对学生的管理内容广泛，涵盖了学习、生活等诸多方面，包括行政、教学、课外活动及后勤等多个层面，体现了全方位管理的理念。因此，必须破除将学生管理单纯视为行政工作，或是仅归属于辅导员、班主任的观念。全员参与的管理模式，是基于高校人才培养目标的必然选择，旨在实现管理中育人、教学中育人、服务中育人的全面教育目标。

为了实现有效协同，高校不仅要在思想认识上达成共识，还要在组织结构上予以落实。一些高校通过设立定期的跨部门联席会议或学生工作专门领导机构等机制，在促进学生管理工作协调一致、提升管理效能方面取得了显著成效。

第三节 校园文化

一、高校校园文化的概述

高校校园文化是校园文化在特定形态中的展现，构成国家社会文化不可或缺的一环，它忠实映射出社会文化的发展全貌，成为国家与民族文化风貌的微缩模型。具体来说，这是在长期的教书育人实践中，为了全面提升教师与学生的综合素质，推动教师专业成长及学生身心健康发展，基于一种特有的校园精神和生活方式，围绕教育主体孕育出的制度文化、物质文化、精神文化及生态文化的综合体现，这些文化在培育师生的过程中逐渐积淀形成。

（一）狭义上的高校校园文化

狭义地理解，校园文化主要是指精神文化层面，代表了校园文化的制高点与核心精髓。在此视角下，大学校园文化的阐释主要聚焦于"课外活动说""校园精神说"及"艺术活动说"三大方面。

1."课外活动说"

"课外活动说"又常被称作"第二课堂说"，是校园文化初期定义的关键之一。有影响力的见解认为，校园文化是全体师生在教学、科研、学习及日常生活等广泛社会实践活动中展现的文化观念与行为模式，从更细微的角度观察，集中体现在以大学生课外活动为核心的"第二课堂"上。狭义地看，校园文化区别于课堂教学文化，是以弘扬主旋律为鲜明特点的课外文化，其内涵可归纳为"一轴心"与"三层级"。"一轴心"是指培养德、智、体、美全面发展的社会主义建设者与接班人，"三层级"分别对应理念层面、制度层面以及物质层面的建设。

2."校园精神说"

对于多数人而言，校园精神是校园文化中最为人熟知的面向。狭义地说，校园文化核心在于精神文化的构建，超越了单纯的教育、教学及管理范畴，其核心内容涉及教育理念、培养目标、校园精神、学术风气及文化艺术的培育。校园精神是学校独树一帜的精神特质，体现了广大师生共有的规范、生活方式、行为准则及价值观念；是区别于其他社会团体的显著标志；也是联结校园群体的精神纽带。

3."艺术活动说"

"艺术活动说"是将校园文化界定在特定情境下的一种观点，正如清华大学前党委书记贺美英所言："狭义地理解，校园文化专注于为学生提供培养健康文化艺术素养的活动与艺术教育。"

然而，这种狭义的校园文化定义虽有助于将其具体化，增强其针对性，便于理解，但因仅从某一视角出发，难以全面而准确地把握校园文化的丰富内涵，可能导致人们对校园文化的理解趋于片面，甚至产生误解与曲解，不利于充分发挥校园文化的多元功能。鉴于校园文化对于高校乃至社会发展日益增长的重要性，其内涵的界定必须与时俱进，不断拓展与深化。

（二）广义上的高校校园文化

广义上讲，校园文化涵盖了校园物质文化、制度文化、行为文化及精神文化等多个维度。依据这些构成维度，校园文化的分类大致可归纳为五种观点："二要素说""三要素说""四要素说""五要素说"，以及更宽泛的"多要素说"等。

1."二要素说"

早期较为经典的高校校园文化"二要素说"，从实体与意识的双重视角阐释其内涵。"二要素说"文化根植于高校的教育情境，伴随人才培养与学校自身发展的实践进程而积淀，体现了高校特性的物质与精神财富汇总。在此基点上，我们能多维度地深入探讨。从学科视角审视，校园文化可被界定为：在教育环境的校园里，以学生为参与主体，教师引领方向，旨在促进学生成长成才，经由全体师生在学习、教学、科研、管理及日常互动中协同创造的一切物质成果与精神价值的总和。其表现形式涵盖了可见的物质形态文化与不可见的思想意识形态文化两个方面。

2."三要素说"

"三要素说"深受文化研究理论启发，其核心观点在于将校园文化类比文化的三种形态——物质文化、制度文化和精神文化。据此，高校校园文化被细分为校园物质文化、校园制度文化和校园精神文化。高校校园文化，实际上就是高校在长期发展及转型过程中，累积形成的物质文化、制度文化与精神文化的总和。其中，物质文化如同校园文化的外在符号，是文化的表面展现；制度文化是校园文化的心脏，为校园文化深层次发展提供前提和保障，构成其核心；精神文化是学校的灵魂，涵盖了办学理念、价值取向、师生的思维方式及精神风貌等。具体来说，校园物质文化涵盖了教学设施、科研设备、人文景观等元素；校园制度文化涉及大学的各项规章制度、组织架构和运作规范；校园精神文化是由高校师生共同塑造的，他们不仅是高校校园文化的主体，更是高校校园文化的创造者和传承者。

3. "四要素说"

广义的高校校园文化，涵盖了高等学校生活方式的各个方面，其核心群体主要包括在校大学生、教师和干部。与其他文化类型相比，高校校园文化在物质财富和精神产品层面都展现出独特的魅力。卢虹曾明确指出："校园文化由精神文化、制度文化、行为文化、环境文化四大方面共同构建。"这些方面又可进一步细化为三个主要要素：首先是智能文化，体现在学术水平的高低、学科设置的丰富性及科学研究的深度与广度上；其次是物质文化，包括各类文化设施的完善、校园建设的精美等；最后是标准化文化，涵盖了教育系统的规范、学校精神的传承、规则的遵循、道德风尚的培育，以及精神文化、价值体系和精神氛围的营造等。

4. "五要素说"

基于"四要素说"的框架，"五要素说"对高校校园文化的内涵进行了更详尽的阐述。按照"五要素说",高校校园文化广泛涵盖物质文化、智力文化、精神文化、文化规范以及行为文化五个方面。随着社会对环保意识的日益增强,高校校园文化也积极融入了生态元素,体现了对自然环境的尊重与保护。高校校园文化以社会先进文化为引领,以师生文化活动为主体,以校园精神为底蕴,历经长期的演变与发展,由全校师生员工共同创造,形成了物质文化、制度文化、精神文化、行为文化和生态文化等多种文化形态,它们相互交融、互为影响。此外,随着新媒体的崛起,如移动电话和互联网等,它们不仅极大地丰富了校园文化的内涵,还促使媒体文化这一新元素的加入。

5."多要素说"

随着社会的发展,校园文化的内涵日益丰富。在"多要素说"视角下,广义的高校校园文化建立在校园地理文化和社会文化的宏大背景上,其核心参与者为高校管理者、师生员工。高校校园文化主要以校园生活中的人际关系、精神面貌、价值取向和舆论氛围为主要内容,通过丰富多彩的文化活动这一基本形式,在大学的教育、学习、生活和管理过程中逐渐形成并展现。这些"多要素"涵盖所有对高校成员,特别是大学生产生现实影响和潜在影响的文化要素,它们包括但不限于价值观、理想和信仰、思维方式、道德情操、传统文化、生活方式、心理氛围、人际关系、行为标准、学校制度和物理环境等。

二、校园文化的特点

校园文化是一种特殊的文化形态，以学校师生员工为主体，依托完备的文化设施、美丽的校园环境和丰富多彩的文化活动。其目标在于，塑造校园精神，净化校园文化氛围，以及培养师生健康的人格。与其他文化形态相比，高校校园文化作为社会文化的亚文化，是由高校师生共同创造和享受的一种群体文化。高校校园文化既受到社会上占主导地位文化的引导和管制，也具备社会和文化系统共有的普遍属性，如阶级性、客观性和民族性等。同时，高校校园文化遵循自身独特的发展规律，与其他类型的社区文化如企业文化、城市文化等有着显著的区别。高校校园文化的基本特征主要体现在以下九点。

（一）学术性

学术性是高校校园文化区别于其他类型文化的核心特点和显著标志。大学高度重视学术，这不仅是其发展的重要方向，也是其历史的传承。从历史角度来看，高校一直是知识、科学、事实、原则、探索、发现和思考的守护者。秉持这一理念，高校逐渐形成了浓厚的学术氛围和传统，为教育教学的规范化奠定了基础，确保了高校在理想状态下深入进行高层次、高质量的科学研究。同时，高校承载着人才培养和知识创新的社会功能，教学和科研是其核心工作。高校会聚了大量高级专家和学者，拥有丰富的书籍和资料，承担着众多科研项目，掌握着科技的前沿文化信息。这些独特的资源决定了高校校园文化必然具有鲜明的学术特征。从现实角度来看，在知识经济时代，高校作为社会组织，在传播先进知识、培养高层次人才方面发挥着至关重要的作用。随着社会经济的发展，社会对高校学术的重视程度达到了前所未有的高度，主要体现在高校服务社会、促进社会发展的能力上。

（二）超前性

高校校园文化的独特学术本质，赋予了其超越当下、指向未来的历史前瞻性特征。学术研究本质是立足现实，眺望未来的活动。与侧重于从传统文化脉络中，依托民众经验和习惯逐步演进的社会文化不同，高校校园文化更倾向前瞻未来，主动营造一种引领性的文化氛围，以此潜移默化地影响个体，体现了其历史超前性的一面。这一特性蕴含两层深意：首先是校园文化追求探索与创新的精神；其次是其本质上的理想主义色彩，即以前瞻未来的价值观为导向。在现代化进程中，高校不仅担当着输送科技知识、塑造精神文化的重任，还肩负着培养兼具现代知识技能高级人才的使命。作为社会发展的重要驱动力，高校及其中的校园文化成为新思想、新文化的策源地，处于文化演进的最前沿，自然展现出超前性的特质。高校内，专家、学者群英荟萃，他们不甘于文化传承的简单重复或对既有文化成果的单纯消费，矢志不渝地追求卓越，积极开创新的精神与文化财富。

（三）创新性

高校校园文化固有的超前性，自然而然地呼唤其具备创新的特质。创新是大学的本质所在，也是大学文化活力的源泉，因此，追求创新成为高校校园文化的核心议题。其创新性体现在孕育新思想、新观念，推崇创新精神与创新能力，为国家的整体创新发展注入不竭动力等方面。一方面，高校作为社会文化的高端领域，承担着保护、传承与创新先进文化的重责。它不仅是各种文化的汇聚之地，负责筛选、借鉴并吸纳各方精华，还在于能动地对文化进行甄别与创新，这一过程既是创新的体现，也是文化进步的必由之路。另一方面，教师与学生作为校园文化的创造主体，本身就具有创造潜能，这直接塑造了校园文化本身的创新特性。

（四）引领性

作为人才培养的核心基地，高校教师与学生的思想观念、价值导向及文化成果往往超前于社会文化平均水平，扮演着引领社会文化走向的先锋角色。高校凭借对社会变迁的敏锐洞察、对发展趋势的深刻理解及积极响应，成为孕育符合时代精神和前进方向的思想文化主要摇篮。同时，高校承载着为社会主义现代化培养栋梁之材的重任，这一使命决定了高校校园文化必须牢牢把握一个关键点，即坚持以马克思主义为指导，引领并促进其他社会文化的发展，奋力推进社会主义文化的兴盛。因此，高校应确保校园文化建设的正确导向，激励师生积极参与文化创新，共同营造一个健康向上、积极进取的校园文化环境。

（五）多元性

随着社会文明的不断进步与开放，社会文化展现出日益多元化的发展态势。作为文化积累与交融的重要平台，校园文化也随之呈现出多彩的多元特性。这得益于高校会聚了大量智力精英，他们频繁参与国内外学术交流，吸纳新颖思想与理论，常常领社会风气之先。高校文化的多元性不仅体现在不同高校间的交流互动，也显现在每所高校内部的多样性中。文化的多样性不仅是校园文化与外界价值观及其他文化形式碰撞融合的过程，也为校园文化的拓展与自我完善开辟了道路，为高校决策提供了丰富的参考坐标。在校园文化从单一化向多元化深度发展的趋势下，高校应当秉持独立思考与批判性继承的原则，以客观冷静的视角面对多元现实，强化社会主义核心价值观的根基，提升文化的适应力和竞争力，同时增强对国家及民族文化的身份认同感与自豪感。

（六）教育性

文化，意在以文育人。教育的本质，在于借助和谐的校园文化氛围与优良的文化环境，引导学生树立正确的价值观，自觉遵循行为规范，提升创新能力与综合素质。校园文化是人才培养环节中至关重要的一环，其本质特性和作用，直接关乎教育的质量。校园文化教育，不仅是文化知识的传授过程，更是一种文化体验的塑造，旨在通过建立正面的文化气氛，以潜移默化的方式影响和规范大学生的行为举止，助力他们健全人格的培育与发展。

（七）开放性

全球文明演进的历史经验告诉我们，文化的持续繁荣与活力来源于其对外开放，积极汲取其他文化的精粹，以此不断滋养与自我丰富。高校校园文化作为一种独特的文化形态，发展与创新正是基于文化的交流互鉴、碰撞融合与集成创新。校园文化秉承开放包容的理念，持续吸纳各类社会文化的养分，同时经历着外来文化的深入交流与渗透。在改革开放和社会主义市场经济的大环境下，尽管校园文化根植于高校内部，却与社会文化紧密相连，不可分割。它构成了一个开放的生态系统，打破了传统教育的封闭格局，促进了校际、校社乃至跨领域之间的沟通与合作，实现了多层次的开放交流。开放不仅体现了高校的文化立场与价值取向——面向社会、拥抱世界、紧跟时代，更让校园成为优秀文化的汇聚点，促进多元文化的交汇与繁盛，促使高校校园文化回归本真，形成一种生机勃勃的生态文化。这种开放性是维持校园文化相对独立性的基石，有助于吸纳一切有益校园文化建设的因素，既继承弘扬中华优秀传统文化的精髓，又勇于批判性地借鉴世界先进文化，不断超越自我，勇于创新。接纳与摒弃的选择过程，本身就是校园文化创新性的生动体现。

（八）时代性

在历史唯物主义视角下，文化被视为人类社会实践活动的结果，其生成与发展历经了漫长的岁月积淀。每种文化都深深烙印着所属时代的印记，映射出时代本质与发展趋势。高校校园文化不是孤立存在的，而是在特定社会背景中孕育与演进的，无可避免地受到社会文化环境的熏陶，并在特定时代的政治、经济、教育结构与社会框架内，体现统治阶层的意志需求与社会需求。高校校园文化宛如时代的"风向标"，鲜明地反映时代特性与精神风貌。时至今日，高品质的高校校园文化应凸显以下两大时代特征：首先，在内容上，应遵循社会主义先进文化的导向，紧扣时代脉搏，弘扬时代主旋律；其次，在形式上不断创新，尤其是在互联网时代，微博、微信等新媒体平台成为大学生喜闻乐见的信息传播方式，洋溢着现代感与时代气息。

（九）高品位性

高等教育机构的校园文化，凭借先进性、创新性和开放性，展现了与众不同的高雅品质，超越了一般文化形态。这种特质在校园文化的核心活动——教育、学术研究中尤为显著，主要从三个方面凸显出来。首先，活动的主体集中在高校师生群体，他们普遍具备深厚的文化素养、广博的知识见解、活跃的学术探究力、高尚的道德审美意识以及高水平的理性判断能力。其次，大学环境内集聚了海量的学习资源，诸如藏书丰富的图书馆、配备前沿的实验设施与科研设备，加之长年累月累积的研究经验和丰硕成果。最后，众多高校，尤其是重点学府，在培育高端人才的征途中，有相当一部分教学与科研实践达到了国内乃至国际领先地位，进一步巩固了校园文化的这一独特优势。

高校校园文化的高品位特性，在于其对高素质人才培养的高度重视与实践。培养高水平、高质量的人才是高校的首要职责与核心工作。尽管随着高等教育的普及，我国已从精英教育阶段转向大众教育阶段，但培养高质量人才的使命依旧未变，这一过程持续提升着高校校园文化的品质。

在校园文化的内涵与导向上，开放性使大学校园文化能够博采众长，吸纳中外文化的精髓，继承并光大中华优秀传统文化，其内容的丰富多彩提升了文化价值观念，升华了精神境界，彰显了其高品位的多元功能。同时，校园文化的时代性要求其必须紧跟时代步伐，站在时代前沿，体现时代诉求，弘扬主流文化。当前，我国的主流文化以马克思主义为指导，致力于发展具有中国特色的社会主义先进文化，而先进的文化理念正是高品位文化的体现，这也进一步指明了高校校园文化的导向性。

第四节　高校校园文化建设

高校校园文化是构成社会主义先进文化的关键要素，强化其建设不仅对推动高等教育领域的深化改革与发展至关重要，而且对优化及深入实施大学生思想政治教育，以及全面提升大学生综合素养，都具有重大的价值与意义。

一、校园文化建设的总体要求

（一）校园文化建设的指导思想

高校承载着培养中国特色社会主义事业建设者和接班人的核心使命。大学生的思想道德水平和科学文化素质，直接关系到我国社会主义现代化建设战略目标的达成，以及党的基本路线能否长期坚守。因此，我们必须以历史的视野和战略的眼光，深刻认识新时期高校德育工作的重要性。对于高校大学生来说，他们不仅要具备扎实的现代科学知识和坚定的政治方向，还要具备现代观念、现代人格、健康的心理素质和高尚的道德品质。这种精神层面的塑造与校园文化息息相关。校园文化，作为社会文化的分支，必须坚持以马克思列宁主义、毛泽东思想、邓小平理论、"三个代表"重要思想、科学发展观和习近平新时代中国特色社会主义思想为指导，确保社会主义方向，才能沿着正确的道路发展，引领时代潮流。

（二）校园文化建设的要求

文化的发展遵循其独特的规律。正如萨姆瓦在《跨文化传播》中所言："文化乃是一代代个人和群体共同努力下，知识、经验、信仰、价值观、处世态度、赋义方法、社会阶层结构、时间观念、社会角色、空间关系观念、宇宙观及物质财富等的累积。"由此可见，文化发展是一个持续充实和完善的过程。这个过程需要不断汲取人类文明的优秀成果。任何民族文化的发展，只有在与外来文化的交融与碰撞中，才能快速茁壮成长。这种"海纳百川，兼容并蓄"的精神，正是一个民族文化强大自信和历史价值的集中体现。然而，若仅局限于本民族文化的生存与繁衍，就会削弱校园文化的自我发展和自我更新能力，使其在文化竞争中处于不利地位，进而影响文化的生命力。这不仅不利于社会主义文化的繁荣，也会阻碍个体创造力的发挥和创造力的实现。

高校校园文化建设独具特色，并非社会文化的简单复制，而是经过深思熟虑后的精心挑选与传承。这一建设过程，实际上是对校园文化深入了解、系统研究、有机整合、内在消化与不断创新的过程，它积极吸收和融合社会中的高尚文化。校园文化需要在传统文化与现代文化、外来文化与本土文化的碰撞中，找到最佳的融合点，既继承优秀的传统文化和外来文化，又创造性地推动校园文化的发展，确保其健康演变。

当前，我们正处于一个知识创新、文化创新和科技创新的新阶段，其中，文化创新尤为关键。创新是推动民族进步的核心力量，也是先进文化持续发展的源泉。在继承人类文化精髓的同时，我们必须秉持批判精神和创新精神。信息化时代为我们提供了世界先进文化的丰富滋养，因此，我们应坚守中华优秀传统文化，广泛吸收和借鉴其他国家和民族的优秀文明成果；同时，引导青年学生抵御西方腐朽思想文化，积极学习其科学精神、创业精神和敬业精神。这样，我们就能构建具有中国特色、反映历史进程的社会主义大学新文化，从而推动高校教育事业蓬勃发展。

（三）建设优良的校风、教风、学风，优化校园文化环境

《中共中央国务院关于深化教育改革、全面推进素质教育的决定》强调，高等教育必须着重培养大学生的创新思维、实践动手能力和企业家精神，全面增进其人文修养与科学素质。高等学府在构建校园文化时的核心任务包括：以坚定的理想信念教育为中心，深化世界观、人生观及价值观的塑造；突出爱国主义教育，深化民族精神的弘扬与培养；基于基本道德规范，深化公民道德教育；着眼于学生的全面发展，深入推进素质教育；高度重视校风建设，培养积极向上的教学风气和学习风气，形成凝聚教职工、熏陶学生、对社会起示范作用的良好校风；积极策划校园文化活动，将德育与智育、体育、美育有机结合，于文化活动中蕴含教育意义，促进学生思想道德、科学文化与身心健康均衡发展；加强校园人文环境与自然环境建设，创造富含精神文化的物质环境，营造优秀的育人环境。高校校园文化应高扬爱国主义、社会主义、集体主义教育的主调，通过形式多样、内容丰富的活动，将思想教育融入各项事务与活动中，引导当代大学生树立正确的世界观、人生观、价值观，培育他们的民族使命感，提升个人修养，将个人价值的实现与服务社会相统一，致力于成为"有远大理想、高尚品德、丰富知识、严明纪律"的未来建设者和接班人。

大学生应当具备的心理素质、社交能力、创新意识及道德品质等，是通过教师的理论教学与校园文化恰当融合的教育过程共同培养的，两者相辅相成，不可或缺。显而易见，高质量教育旨

在促使大学生学以致用，确保他们毕业后能迅速适应社会并有所作为，成长为对社会有益、对人民有益的人才。高等教育中的素质教育与校园文化的建设是紧密相连、相互影响的。素质教育借由多姿多彩的校园文化活动得以实施，同时校园文化也因素质教育的融入而内容更加丰富，二者的有机结合已成为教育的核心组成部分，而非单纯的教育附加，这是大学生素质提升不可或缺的一环。

校园文化在教育实践中的素质教育成效，超越了常规教育手段能达到的水平，其多样性与素质教育的多元化途径相得益彰，是消除脱离社会实践的应试教育弊端的有效策略。通过运用校园文化，能够促进学生在品德、智力、体质、审美及劳动技能等方面的全面发展，实现高素质教育的目标。我们应当着力推行既富教育意义又充满乐趣的校园文化活动，精心打造积极向上的大学校园文化氛围，作为提升大学生综合素养、保障高等教育进步及学生身心健康的坚实基石。

学校风气（校风），是在长期教育实践历程中积淀下来的一种相对稳固的校园意识、精神面貌及行为习惯，映射了学校的整体形象，核心体现在校园内部的共识信念、舆论导向、共有价值观念及团队凝聚力等方面。这种风气透过校园多元文化的载体及参与者的言行，无时无刻不散发着独特的魅力、感染力及深刻的影响力，让人深切体会到其内在的凝聚力量与震撼力量。教学风气（教风），是教师在长期教育实践中逐步形成的具有个人特色的教学方式与理念，是教师职业道德、学问造诣及业务能力等综合素质的集中展现。学习风气（学风），是学生群体在学习活动过程中展现出的学习态度与学习策略的总和。优良的校风、教风与学风，构成一个看不见却强大无比的校园精神生态环境，它们如同春雨般"随风潜入夜，润物细无声"，在日常的视听接触中，悄无声息地实现着精神层面的共鸣、接纳与融合。对师生来说，这是一场心灵的陶冶、净化与磨砺。总而言之，校风、教风与学风是校园精神文化多维度、个性化的体现，它们共同塑造并丰富了校园的精神内涵。

（四）校园文化建设要弘扬主旋律，突出高品位

面对新的形势要求，加强校园文化建设的关键在于明确其主导思想。作为高等学府精神文明建设的核心构成，校园文化建设需秉承"以科学理论启迪人心，以正面舆论引导方向，以高尚情操塑造品格，以精品创作激励精神"的核心旋律。

高校作为社会群体中的文化高地，承载着更高的文化追求。其校园文化的根本目的在于，培育兼具理想抱负、道德修养、文化底蕴与纪律观念的复合型人才，确保教育对象树立正确的世界观、人生观及价值观。因此，校园文化活动不仅要在内容与形式上推陈出新，更要在广度与深度上有所超越，摒弃平庸浅薄，致力于举办高层次的文化活动，使之成为贯穿校园文化活动的主轴。因此，构建高雅校园文化的基点与起点，应当着眼于深化精神文化的理性层面建设。

培育高尚的校园文化氛围，使大学生于无形中主动沐浴在教化与塑造中，全面提升他们的政治理论素质、科学素养、人文修养、道德观念、心理健康等综合品质，抵御不良思想的影响，提高他们的精神境界，塑造坚毅的人格，引导他们树立正面的世界观、人生观及价值观，这是新时代高等教育的核心任务。作为培养社会主义高级人才的摇篮，高等院校需要借助校园文化的载体，着力增强学生辨析真、善、美与假、恶、丑的能力，防范混淆是非。我们应避免学生盲目接纳文化，而应启发他们细品精粹，汲取人类智慧的结晶。实际上，青年学子内心渴望提升文艺鉴赏水平和自身文化修养层次。经验表明，诸如交响乐会、原创歌曲音乐会、舞蹈展示、书画展览、演讲朗诵、文学经典研读、电影赏析等在校内举办的文化活动深受学生喜爱。通过有规划、有导向地组织高水平文化艺术节、学术周、文化主题活动，构建浓郁的校园文化底蕴，以高雅艺术滋养心灵、陶冶性情、提升品位，培植学生积极向上的精神家园。

　　强化校园文化的管理和提升，关键在于学校党委与行政管理部门深切认识到校园文化建设的重要性，将其纳入学校工作的重要议程，不仅要拟定校园文化发展的宏观战略，确保其导向正确，还要重视建设一支强有力的校园文化管理骨干团队，以实现管理的高效与专业；同时，应强化整体协同，建立健全覆盖校园文化各方面、各环节的组织管理体系。

二、大学校园文化建设的原则

构建校园文化应当是有规划、有目标的推进过程，高校需依据社会前进的步伐，结合自身的实际情况，明确学校的特有风格与追求目标，并在此基础上依据既定的发展愿景，灵活运用多元化的管理策略与激励机制，规划校园文化的具体实施路径与手段，从而奠定一个相对稳固且具有主导性的文化基调，确保校园文化既导向清晰，又兼具全面性和持久性。

（一）坚持社会主义方向的原则

文化，作为社会意识的一种形态，归于上层建筑领域，本质与功能由其赖以生存的经济基础界定，并服务于该经济基础。我国的文化立足于社会主义，其中，高校校园文化作为社会主义文化体系的关键构成部分，必须坚持以社会主义核心价值观为核心宣传教育内容，以社会主义为根本导向，以四项基本原则为政治基石，遵循马克思列宁主义、毛泽东思想、邓小平理论、"三个代表"重要思想、科学发展观以及习近平新时代中国特色社会主义思想的指导，坚守社会主义核心价值体系，积极构建中国精神、中国价值与中国力量，为民众提供精神导航，活动组织围绕社会主义、集体主义、爱国主义和社会主义精神文明建设展开。唯有如此，才能确保高校校园文化导向的正确性与实效性，有效抵御并清除各类错误思潮和不利因素对校园文化的侵扰与影响。因此，在校园文化建设实践中，绝不能仅仅追求活动的多样性和形式的新颖性，而忽视了政治方向，导致先进性和阶级性缺失。

遵循上述原则，具体要求包括：首先，应用马克思主义基本原理恰当地解析历史文化遗产，精确地理解当代文化趋势；其次，加强对校内各类宣传媒介与宣传方式的引导和管理；最后，学校举办的所有文化活动，内容必须积极向上，既要富含知识性、趣味性，还要深刻体现思想性，全方位促进校园文化的健康发展。

（二）坚持系统研究的原则

高校校园文化的构建是一个统一而全面的过程。它映射了教师与学生在日常生活方式、价值观念、思维模式及行为准则上的文化特征，形成一种独特的精神氛围，是联结学校社群的精神纽带，体现出鲜明的整体性特质。同时，大学校园文化与更广泛的社会文化环境密不可分，是其不可或缺的一部分。为了加强校园文化建设的整体性，我们不仅要深刻理解其内在含义，还要认清它与社会文化总体建设的紧密联系，从系统的、全面的、协调一致的角度规划校园文化建设。通过举办高水平的教育讲座、高端的学术交流、高雅的文化娱乐活动及高质量的社会实践等多种形式的校园文化活动，共同营造一个有利于人才培养的高校环境，使校园文化在深度与广度上都能与社会文化发展相呼应，共同促进文化的繁荣与发展。

第二章　高校学生管理模式的多元发展

第一节　高校学生人格化管理模式

归纳全球对新时代人才的需求，我们不难看出，当今时代对人才的期望已经远远超越了传统范畴，要求新时代人才具备更广泛的才能与素养，承担更多元的使命。这些要求包括但不限于强烈的社会责任感、明确且实际的人生目标设定、高效的学习与创新能力，以及持续适应时代变化的能力。培养这样全面的能力集合，呼唤一种现代化的教育管理模式，该模式应侧重于学生内在素质的深度培养。人格化管理模式正体现了这一点，它致力于强化和巩固学生的正面特质，促进已有的优良内涵发扬光大，同时剔除不良品质，开创积极向上的新风貌。这样的管理模式对学生的全面发展、高校校园文化的兴盛具有深远的意义与影响。

一、人格化管理模式的内涵

作为一种管理模式，人格化管理的核心在于全面关注人性要素，致力于深度挖掘并发挥人的潜能。人格化管理模式贯穿管理的始终，从理念到实践，始终坚守"以人为本"的原则。这种模式的关键在于，充分尊重和理解个体的独特性与创造力，激发个体的主动性、积极性和创新精神，使他们能够更投入地工作，更高效地实现组织目标。

人格化管理实践包含了对人的深切尊重、合理的激励机制，以及为个体提供多样化的成长与发展机会。以高校为例，同一所高校的学生往往因学校的文化底蕴和历史传承，展现出一定的共性特征，如清华大学的务实严谨、北京大学的浪漫民主，这便是所谓的"学校人格化"。同样地，同一个班级的学生也会因班级文化、氛围等形成各自的"班级人格化"，展现出不同的风貌。另外，在高校公寓中，也能观察到类似的"公寓人格化"现象。

这些不同层面的人格化，从心理学的角度来看，代表了某类人的内在特质和品质。它们与学生能否顺利融入社会、积极参与竞争、取得事业和生活成功有着密切的关系。因此，人格化管理不仅是对个体的尊重与培养，更是对组织未来发展的深远投资。

二、学校人格化管理的实施内容

学校人格化管理工作的实施应聚焦于以下三个核心方面。

第一，必须强化规章制度的管理。

第二，要致力于打造和维护一个优质的学习环境和学习氛围。

第三，要引导学生形成积极向上的精神风貌。

学校人格化管理属于学生管理的高级阶段，它在宏观层面发挥着统筹、规划、指导的重要作用。学校人格化管理必须从领导层面出发，全面考虑学校的基础设施建设、师资力量的培养、学术研究的深入等，并投入足够的人力资源、物力资源、财力资源；同时，需要制订切实可行的工作计划，确立长远的发展目标，确保管理工作务实、求真，避免急功近利、追求表面功夫的短视行为。

三、班级和公寓人格化管理的实施

作为学校管理的基石，班级和公寓扮演着不可或缺的基础角色。要实现基层的人格化，我们需要从以下三个关键方面着手努力。

（一）个别学生发挥人格力量

在班级中，总有一些在领导力方面表现出众的学生，他们的人格魅力对塑造班级整体人格起着至关重要的作用。这些学生的个人人格力量具有引导和带动效应，能影响并激励其他学生，进而促进班级整体人格化的形成。然而，值得注意的是，学生的人格力量也有积极与消极之分。积极的人格力量能够对班级和其他学生产生正面的推动作用，而消极的人格力量则可能带来不利的影响。因此，为了确保学生人格力量的正面发挥，辅导员扮演的角色尤为重要。辅导员需要适时介入和调控，掌握好引导与鼓励的尺度，积极促进积极人格力量的传播，同时化解和消除消极人格力量带来的不良影响，确保班级人格化的健康发展。

（二）教育工作者发挥人格魅力

对于学生，尤其是刚踏入校园的新生来说，教师、辅导员等教育工作者在他们的心目中拥有一种特殊的权威地位。学生往往会对他们崇拜的教师、辅导员表示特别的尊敬，并倾向于模仿他们的行为。辅导员在班级人格化管理中扮演着组织者、策划者、调控者和实施者的角色，教师则是管理过程中的主要辅助者。两者共同在班级人格化管理中发挥至关重要的作用。因此，辅导员应展现出良好的工作态度、生活态度和办事作风，以自身的言行感染学生；教师应秉持严谨的治学态度，帮助学生建立积极的学习态度和工作态度。教师和辅导员需要为学生树立榜样，引导班级人格化朝着健康、积极的方向发展。

（三）公寓人格化管理注重细节

在选拔寝室长时，辅导员应挑选热心、负责、宽容大度并乐于为同学服务的学生。寝室长不仅要用自己的能力管理寝室，还要用自己的行动影响寝室内的其他学生。同时，学生应努力营造良好的寝室环境，构建和谐的舍友关系，打造丰富多彩的公寓文化。公寓人格化的成功构建，将为其他方面的人格化奠定坚实的基础，为学生创造一个更加舒适、和谐的生活环境。

第二节　高校学生社区化管理模式

随着高校社会化改革的持续深化，我们必须更加重视高校学生社区化管理的推进。学生社区不仅是培养德、智、体、美、劳全面发展的"四有"人才摇篮，更是实施管理育人、服务育人的关键平台，对于学生成长、成才具有不可或缺的影响。同时，学生社区还是展现学校精神文明建设风貌的重要窗口。因此，高校学生社区化管理应被置于高校改革的核心位置，予以重点推进。当前，部分传统管理模式已难以适应高校发展的新形势、新需求，迫切要求高校推行学生社区化管理。展望未来，高校学生社区化管理的发展方向将聚焦于不断完善教育管理机制，积极探索并实践新的管理思路和方法，努力构建一种新型的、与时俱进的社区化管理模式。这不仅是高校发展的必然趋势，也是培养更多优秀人才、推动学校整体进步的重要举措。

一、高校学生社区化管理产生的背景及科学内涵

（一）高校学生社区化管理产生的背景

1.适应学生群体特征

强化和深化高校的思想政治教育工作，呼唤一种更贴近现实、行之有效的教育管理新范式。从事高校学生思想政治工作的人员需要紧跟时代步伐，灵活调整策略，积极应对新的挑战。在高等教育

日益现代化和国际化特别是伴随着教育教学改革的不断深入，以及高校改革向更深层次推进的背景下，如何在学生社区化管理中坚守社会主义办学导向，确保教育本质不动摇，成为一个亟待深入研究与实践探索的重大议题。众多高校在党建、思想政治工作及日常教育管理实践中，紧跟时代潮流，勇于创新，摸索出一条既贴合时代发展需求又符合高校实际的学生教育管理新路径——学生社区化管理模式。

2. 教育管理的新模式

为应对高校扩招引致的后勤设施紧张问题，中国高校借鉴国外先进经验，采取了社会化管理模式，通过引入社会资本、联合建设、贷款与集资结合等方式，大规模建设学生公寓，并推动后勤服务的社会化进程，较为迅速且稳定地突破了住宿、餐饮、休闲等学习生活文化设施的资金瓶颈。然而，后勤社会化也带来了管理上的"双轨制"现象，即在学术、学习上沿袭传统的行政管理模式，在日常生活中采用与西方高校相近的社会化管理模式，形成教学行政管理与社会化管理并存的"双体系"。当前，高校学生工作面临着整合"行政管理"与"社会化管理"两大体系的挑战，以实现学生人格教育的全面统一。在此背景下，实行学生社区化管理成为必然趋势。

3. 改革传统管理模式

鉴于高等教育改革与发展的现状，特别是随着学分制改革的不断深入，传统班级概念日益模糊，以往以班级为思想政治教育核心组织形态和主要工作途径的模式正在发生转变，学生的学习与生活重心逐渐转移到了社区。此外，随着高校后勤服务社会化的加速推进，学生社区的环境建设、文化设施配置、服务质量及管理模式等，均为传统高校学生工作带来了新的挑战。因此，实施高校学生社区化管理成为迫切的任务。高校学生社区化管理顺应了高等教育变革与发展的时代需求，是时代作出的必然选择。

（二）高校学生社区的科学内涵

随着我国高等教育改革的不断深化，以寝室为中心的学生社区作用日益凸显。学生社区作为社区理念在高校管理中的具体体现，构成了大学生在校学习、生活和休息的核心活动区域。社会学理论指出，社区本质是地理空间与人际交往的结合体，一方面表现为居民共居的物理空间，另一方面承载着文化与社会互动的功能。学生社区同样符合这一定义，对于每所高校来说，它涵盖了所有学生寝室及周边环境（包括学生公寓），并强调在这一环境中实现教育培养的最大效能。

与社区概念相呼应，学生社区概念同样蕴含两个方面内容：一是区域环境，二是文化功能。在区域环境方面，学生社区既是校园地理布局的一部分，作为学生居住区域存在于校园内，也是学校管理中的一个重要区域。从社会结构角度来看，它构成了学校管理体系的一部分，与学校存在一定的从属关系。然而，在全面学分制实施的环境下，学生群体间的专业、班级乃至年级界限逐渐淡化，作为学生居住区的学生社区地位相应提升，以满足学生作为居民代表与学校及社会机构进行有效沟通的需要。在文化功能方面，主要体现为社区人文环境与居民日常生活紧密融合，成为居民文化教育的核心场所。学生社区在文化功能方面肩负着更重大的责任，需确保"文化服务于教育，教育以学生为中心"，具备更明确的目标导向和内容针对性。

二、高校学生社区化管理的现状

（一）高校学生社区化管理面临的机遇和挑战

全面推行学生社区化管理标志着我国高校学生思想政治工作迈入一个富有标志性意义的新阶段。当前，国内诸多高校已陆续开展了多种形式的理论研讨与实践尝试，解决了一些理论层面与操作层面的问题。然而，鉴于全国各地高校地理位置的广泛分布、地区特色各异、教育环境与条件差异显著，任何一种管理模式的成熟与完善都需要经历一个长期的过程。社区化管理在实际探索进程中，仍面临诸多具体挑战，主要体现在以下四个方面。

一是内部结构与运作机制尚待科学优化。优化教育、教学、招生就业三大板块间的协同，需要进一步细化教学管理与学生管理、社会化服务与教育管理的融合，以及精确评估学生教育管理架构内部各机构的职能权重，制定科学、完善的策略。

二是对学生社区化管理潜在问题的关注与前瞻研究不足。随着改革深化，政治、经济、社会、文化和教育等领域的新变化层出不穷，对于学生社区管理如何灵活适应这些变化，目前缺乏充分的理论探讨与预研。

三是强化学生社区的功能定位，提升其在学校组织架构、运行机制、社会效应及人才培养中的实际效能和影响力显得迫在眉睫。

四是在跨省市大学城和同省市多校聚集的大学城背景下，学生社区管理的不一致性可能成为隐患，薄弱的管理环节易滋生不稳定因素，进而波及整体稳定，亟待解决。

（二）高校学生社区化管理实践

高校学生社区化管理核心在于对学生的综合服务与教育引导，这是一种深入、细致的内部管理实践，涵盖了人力资源、财务资源、物资调配及信息管理等多个方面。

管理的主体对象特指高校学生群体。这些学生既是知识的接受者，又是居住者与服务享用者，他们带有社会个体的部分属性，又显著区别于一般社会成员。他们是年龄相仿、心理生理发展水平接近的青年群体，互动性强，生活方式独特，不同于其他社会群体；他们共享相似的作息安排，行为活动高度同步，无论是课程学习、社会实践还是课余生活，大多以集体形式进行，展现出明确的目的性、组织性和程序性。尽管他们因所属院系、专业不同，个性各异，但总体遵循学校统一的规章制度，群体活动呈现规律性且易于调控。因此，学生社区化管理应基于学生的这些共性特征展开，遵循其固有的规律进行，确保管理活动的有序与高效。

在管理主体与内容层面，学生社区化管理涵盖了学生管理、后勤服务管理及学生自治管理三大核心内容。实施这些管理任务的责任主体为学校的相关职能部门。具体来说，学生管理工作主要由学校党建与思想政治工作团队承担，它们负责对学生进行思想政治教育，组织文体活动，推动学习规范意识的培养等教育管理工作；后勤服务管理侧重于安全保卫、后勤保障、物业设施维护等，主要由后勤一线服务人员执行；学生自治管理强调在学校的指导下，学生组织及学生个体自发组织的一系列自我管理、自我服务和自我教育活动，旨在培养学生的自治能力。

三、高校学生社区化管理的对策和成效

（一）高校学生社区化管理的对策

1.完善运行体系，优化体制机制

机制作为至关重要的"软件",在构建学生社区时，必须建立健全三大核心机制：学生社区的运作机制、学生社区的志愿者参与机制及学生社区的内部激励机制。

学生社区的运作机制是确保社区顺畅运行的基础。它涉及有效利用社区公共资源与权限，以满足服务需求为导向，持续提升服务品质，控制服务成本，并保持服务的持续再生循环。这一连贯运作过程构成了学生社区的运作机制。该机制彰显了学生社区的非营利

性质。非营利性是社区行为的一大特征，体现了社区自我服务和自我调节的功能。维持这一机制的良性循环，关键在于不断提升服务质量，而服务质量不仅是塑造社区形象的基石，也是社区存在必要性的实证。学生社区的志愿者参与机制则鼓励学生积极参与社区管理与服务，形成共治共享的氛围，促进学生能力与责任感的提升。学生社区的内部激励机制通过表彰、奖励等形式，激发学生参与社区活动的积极性与创造性，增强社区的凝聚力，促进学生自我发展。

学生社区的志愿者参与机制旨在从根本上优化社区的人文生态环境与社会文化氛围。在西方国家，志愿服务被视为社区生命力的基石。在学生社区内组建一支规模适当且素质优良的志愿者团队，不仅是一种管理层面的体现，更是一种深层次的文化现象。志愿者实际是社区意识的自然组成部分，是居民积极参与社区活动的直观展现。在学生社区中，志愿服务成为构建一个人文关怀、互助互利、全员参与的和谐社区的关键路径。

学生社区的内部激励机制是凝聚人心、确保社区效能的关键。如何让非营利性质的学生社区像营利性企业那般激发效率，是一个复杂且值得探讨的问题。

其一，非营利性组织的动力源泉在于赢得居民的满意与社会的认可，这是深层次的心理满足。在市场经济环境下，人们常因利益驱动行动，因此，那些无私奉献他人与社区的人，尤其能获得周围人和社会的高度尊敬。

其二，个人借由社区功能解决社区冲突，进而克服个人难题，是增强个体影响力的有力手段。一个成熟的学生社区通过事务的透明化管理，公开工作人员的努力、遇到的挑战、成就乃至失误，使工作人员能依据外界的反馈提升自我，从旁观者的视角审视自我表现，调整行为，最终实现个人的自我完善。

2. 借鉴成功经验，强化实践创新

一直以来，传统的学生工作观念都忽视了宿舍在育人方面的功能，将其仅仅视为一种物质化的存在。因此，在日常管理中，我们更多地聚焦于学生维持和改善居住环境的责任，却未曾意识到宿舍作为校园教育环境的重要组成部分应当承担的培育职责。同时，我们的工作思路局限于单个宿舍的小框架内，忽略了以宿舍为基本单位构成的学生社群这一更广阔层面，也就难以关注到学生社群潜在的育人效能。正如前文所提及的，学生社群不仅具备地域属性，还承载着育人的使命，但其育人的隐性效果被我们忽视了。正是这些观念上的盲点和误区，阻碍了我们深入探讨学生社群的真实价值，更不用说去探索如何有效地构建和优化学生社群了。

在高校里，学术教育的重责落在各个学院，学生的思想政治引导由校级及院系学生工作部门承担，至于学生的日常生活需求则由后勤系统予以保障。然而，针对培养学生适应未来社会生活、遵守社区规则及形成良好社区意识的教育责任，目前尚缺乏一个明确的组织体系执行，这无疑是高等教育领域的一处缺失。基于此，建立健全学生社区及其管理体系，不仅是对高校教育职能的补充和完善，也是优化育人环境的关键步骤，成为当前学校管理工作中亟待破解的难题之一。首先，必须深刻认识到学生社区构建的重要性，主动将其融入学生管理的全局，并赋予其恰当的位置，如此才能开启学生社区培育现代社会公民潜能的大门。因此，推进学生社区管理的理论创新与实践改革，必须秉承开放办学的理念，持续强化学习意识与开放思维。这就要求高校管理者具备前瞻性和宽广的胸襟，通过不断对比分析寻找差距，在社区管理的探索中主动求变，勇于在理论上探索未知，在实践中积累改革的条件。同时，鼓励高校间加强交流合作，相互借鉴，共同进步，通过实践的累积深化理论研究，加大实践中的创新力度，携手推动高校学生社区管理向更深层次迈进，共同书写学生社区发展的新篇章。

3. 调整和平衡"管"与"教"的关系

学生社区的构建是一项复杂而系统的工程，它必然涉及对学生社区现有管理模式的重新布局，以及教育与管理职责的科学界定。首先，依据各高校的具体情况，对学生工作的组织架构进行必要的调整，并在此基础上建立健全一整套规章制度，是基础且关键的一步。其次，为根本性地应对这些挑战，还需要全面考量管理的实施主体、教育的传递平台以及人才培养的方法等多个层面，这些内容既多又杂，且缺乏成熟的模式直接参照，这无疑增加了问题解决的难度。但以组织结构的优化作为突破口，不失为一条较为现实的途径。在这一过程中，需精心协调以下三个核心关系：一是确保学校学生工作部门、团委与学生社区管理委员会之间职责清晰，协作顺畅；二是制度建设与组织架构的设定需同步推进，相辅相成；三是依据学生社区的特有功能，配置相应的管理机构，确保各项职能得到有效落实。通过这样的策略，逐步推进学生社区建设的深入发展。

（二）高校学生社区化管理取得的成效

经验证明，推行学生社区化管理不仅能有效迎接高校后勤社会化及教育所带来的新机遇与新挑战，应对由此产生的新任务与新问题，还能极大提升学生党建工作与思想政治教育的针对性，使工作焦点更加明确，体系构建更加完备，育人机制越发健全，教育管理的实际成果也更为显著。具体来说，其正面效用主要展现在以下三个方面。

1. 有利于优化服务和育人环境

围绕社区党总支这一核心构建的管理体系，通过高效整合各类服务资源并强化统一领导，能够为学生的全面发展搭建一个更全面、科学且有序的平台与空间，使社区的管理和服务质量得到实质性的提升，变得更加高效与周到。社区化管理模式促进了资源的科学配置，汇聚教育管理的各方力量，孕育众多健全且充满活力的学生社团。这些社团活动为社区营造了浓厚的科技文化氛围，为学生综合素质的提高开辟了多元化的路径，对完善学生知识结构、培育学生个性化特质及提升学生综合素养产生了深远影响。秉持统一管理的思路和先进的教育理念，从管理和运营的双重视角出发，为学生的成长成才与教育机构的有效育人营造了一个内外兼修的优良环境，确保了在高校连年扩招背景下，既能维持教育管理的高质量标准，又能促进学生素质的持续、稳健提升。

2.有利于优化管理和育人效果

社区化管理模式成功构建了一种以人文修养、健康成长为核心内容的德育环境。在此环境中，学生真正成了学校服务的核心与主体，学校始终坚定不移地将学生的个人发展置于首位。要确保这一教育宗旨贯穿教育全程，就必须先为学生成长奠定坚实的物质基础，营造积极向上的"求知、求实"学术风气，营造着重于人文修养、健康成才等价值观的道德文化教育氛围。这样，不仅能给予学生正面的导向，还能激励他们在健康的德育环境中锻炼自我、提升自我，从而培养出优秀的社会适应能力。

3.有利于促进交流和情感联系

近年来，学生与学校间的法律争议频现，成为社会各界广泛关注的焦点。专家分析指出，这些矛盾很大程度源于学生与学校间缺乏平等且有效的沟通渠道，导致学生、家庭、社会与学校的多方关系紧张。社区化管理的引入，扭转了原先对改革的消极认知，其中，思政工作者、学生社区内的党组织、团组织以及心理咨询机构的积极作用，有效拉近了学生与组织的心理和物理距离，增强了思想政治教育的亲和力与影响力，使学生和老师、学生与组织、学生与学校之间的联系变得更加融洽与和谐。

第三节　高校学生公寓管理模式

高校学生公寓作为学生日常学习与生活的主要环境，承担着培育和提升学生自我管理、自我教育、自我服务及自我监督能力的重任，是实施思想教育不可或缺的战略要地。因此，学生公寓的管理工作不仅是高校管理体系的支柱环节，也是映射高校综合管理水平的一面镜子，必须给予高度重视。

一、高校学生公寓的地位和作用

（一）高校学生公寓在学生生活中的地位

学生公寓是大学生日常活动的核心区域，扮演着大学生活不可或缺的角色。随着高校扩招，教育资源的扩充速度未能同步跟进，教室与图书馆资源变得紧张，文化、体育及娱乐活动也相对匮乏，学生的非上课时间大多是在公寓度过的。

公寓内部设施的安全性与完备度、环境的整洁优雅与舒适性、服务的细致周到、生活氛围的和谐与否，以及社区文化的丰富多样性和管理的科学规范性等因素，都直接影响学生的生活质量，进而关乎他们的身心健康成长及良好生活习惯的形成。因此，强化公寓的建设与改进，对保障学生的日常生活质量具有极其重要的意义。

（二）学生公寓在学生管理中的重要作用

1.学生公寓是展示校风、学风建设的窗口

高校的校风与学风，不仅体现在教室、图书馆和实验室中，也体现在学生公寓内。学生的学习态度、劳动观念、组织纪律性及集体意识，往往在占据其日常生活大部分时间的寝室环境中得到体现。正因如此，学校需要统筹协调思想教育、日常管理、后勤服务和安全保障等多方面资源，积极探索在学生公寓内融合教育、管理与服务的新模式，强化公寓管理与思想引导工作，旨在营造一个宁静有序、文明卫生的生活环境，而这也是有效缓解学生受到外界不良影响产生抵触情绪的重要手段。

鉴于此特性，公寓管理要紧扣"管理育人、服务育人"的核心，深挖潜力，积极改善住宿条件，将学生视为服务的核心，确保他们获得应有的尊重与关怀。这一做法不仅是维护校园稳定的必要措施，也是塑造优良校风、学风的基础，对于学生的全面发展和成才之路至关重要。

2.学生公寓是思想教育和科学管理的镜子

学生公寓作为学生校园生活的重要聚集地，对学生的品德培养及学校教育目标的实现具有举足轻重的作用。学生在公寓中的行为举止，往往是社会人才需求与学校教育管理愿景的直接反映。针对当前学生的精神状态与学习生活情况，主要显现出以下五个趋势。

（1）学生在自我认知与个人价值观构建上，倾向于追求与高等教育相符的知识结构和丰富的文化娱乐生活，却较少从社会需求的角度出发全面提升自我。

（2）学生倾向于参与层次高、影响力大的活动，并热衷探讨深刻的社会议题及个人价值观，往往忽略了劳动观念的树立、卫生习惯的养成，以及自我教育、自我管理和自我服务能力的成长。

（3）在公寓环境的营造上，学生更重视个人居住环境的舒适度，有时未能与公寓的整体管理要求保持一致。

（4）在公寓的人际互动中，学生侧重个人特性的展现与完善，却较少从公寓集体成员的角度出发共同进步和提升。

（5）同学之间的交往频繁且随意，公寓内的规章制度在群体的默许下执行得不够严格，存在一些负面现象，如学习氛围不够浓厚、组织纪律松懈、劳动观念薄弱、抗拒管理、嘲笑先进、推崇落后等行为。

因此，学生公寓不仅是规范学生道德行为、促进德智体美劳全面均衡发展的重要场所，也是实施学校教育科学管理与实践相结合的关键节点。借助公寓这一平台，学校可将细致入微的思想政治工作与严谨的科学管理制度紧密融合，深入了解学生的所思、所感、所行，切实掌握学生的思想动态。

3.学生公寓引导学生人生观和价值观的树立

学生公寓不是简单的居住空间，而是一个蕴含丰富教育意义的园地。这里会聚了来自四面八方，拥有不同家庭背景和生活习惯的学生，形成了独特的人文生态环境，成为学生情感和思想自由交流的真实舞台。学生在公寓中的相互交往，无疑会对彼此的思想情感产生深远影响。无论是对人生的探讨、未来的展望，还是学习经验的分享、历史文化的讨论，都会引发各种社会思潮和观念的碰撞、交汇与相互作用。鉴于此，准确把握公寓内的思想趋向，及时给予正面启发和引导尤为重要。同时，应通过多样化的方式和渠道，积极开展教育实践活动，帮助学生确立正确的人生航向，辨别是非曲直，树立科学正确的世界观、人生观和价值观。

二、高校学生公寓管理的内容与方法

（一）高校学生公寓管理的内容

高校学生公寓的管理涵盖了服务、管理和育人三大核心职能。透过这些职能，我们可以明确学生公寓管理涵盖的内容，涉及公寓内部的卫生清洁与日常事务管理、公寓区域的安全保卫管理、公寓的纪律维持与秩序调控、公寓设施的维护管理、水电供应的管理，以及公寓电视与网络服务的管理等多个方面。

（二）高校学生公寓管理的方法

优质的公寓环境是高校推进学生素质教育、确保学生德智体美劳全面均衡发展的物质基础。科学合理的规章制度，能够对学生形成正面引导，规范学生行为，促进和谐，激发学生潜能。因此，对学生公寓实行科学且高效的管理尤为关键。当前，学生公寓管理主要采取以下两种方法。

1. 行政管理方法

行政管理方法是指学校根据学生公寓的实际管理需求，成立专门的管理组织机构，并配置合适的管理人员，依据学校的规章制度及学生公寓管理细则，通过公寓管理人员、服务团队及学生骨干，运用具有约束力的行政指令与规章制度，直接对住宿学生进行规则教育，以增强学生遵守规定的自觉性，确保公寓管理有据可依，依规行事。此方法在高校学生公寓管理中被广泛应用。要想提升行政管理方法的效果，科学合理的管理手段必不可少。

2. 经济管理方法

经济管理方法是指通过物质利益激励和引导组织成员行为，确保其目标与组织总体目标相协调。随着深化教育体制改革，学生公寓管理要强化经济核算，提升教育资金使用效率，并适度采纳经济方法管理学生，如收取住宿管理费等费用，将助学金转变为奖学金和助学贷款等形式。学生需要先缴费后完成注册，未缴费或严重违反公寓规定者将无法入住。同时，将公寓内的行为表现纳入德育评分，与奖学金评定挂钩。日常管理中，对水电用量进行计量，超出限额加价收费，以减少资源浪费。入住时，学生需缴纳一定押金作为损坏公物的赔偿金。

综上所述，合理应用经济管理方法能有效促进学校及学生公寓管理效能的提升。值得注意的是，经济方法并非万能的，尤其是公立高校，不应将经济惩罚作为公寓管理的唯一手段。对学生收费应合理适度，公物损坏赔偿要考虑实际情况，对于违规行为的处理应公正合理，严格且有度，以免造成不良后果。

（三）依托学生公寓开展学生心理健康咨询活动

正值青春年华的学生群体，兼具青年与青年知识分子的特质，面临诸如学业竞争激烈、就业市场严苛、情感困扰、人际交往障碍引致的焦虑、经济负担及家庭教养不公等问题，这些因素共同作用，对现今高校学生形成各类心理困扰。对此，学生工作管理者切不可掉以轻心或置之不理。因此，学校应当聘请既有经验又受学生信赖的教师、心理咨询师，在学生宿舍区设立咨询服务中心，运用社会学、心理学、医学知识结合人生智慧，提供心理健康咨询服务，旨在为学生排忧解难，培养学生积极心态，使其更好地适应环境，建立自信。这不仅是强化学生宿舍管理的有效辅助手段，也是宿舍管理人员深度参与教育进程的重要途径。

学生宿舍心理咨询的独特之处，在于它能促使学生从被管理者转变为积极主动者，而传统意义上的管理者——教师、医师及行政人员，则转变为倾听者和支持者。学生愿意开诚布公地分享个人的"经历"与"烦恼"，寻求理解、同情与引导，这一过程有助于缓解学生焦虑、抑郁、孤独及压抑情绪，实现学生心理的自我调适与平衡。

心理咨询手段在协助受到心理困扰、行为受挫的学生摆脱消极思维、重塑自信方面发挥着举足轻重的作用。学生视咨询者为可信赖的师长与"救星"，这种身份认同感消弭了学生内心的防御与戒备，使他们更容易接受对方传递的道理、行为准则及健康知识，实现了情感的真诚交流与问题的深入探讨，增强了沟通的针对性，有助于构建和谐的师生关系，激活学生的内在潜能，有效缓解学生的自卑与自我放弃情绪。

在学生公寓管理实践中，融入的心理咨询策略形式多样。通常，可以采取一对一的咨询，或是邀请几位亲近的朋友共同参与讨论；也可以通过书信往来、网络平台互动等形式解答疑问、交换看法。此外，针对学生普遍关注或具有倾向性的话题，组织研讨会、开设专题咨询课程，乃至邀请知名专家、教授及医师进行专题演讲，并现场答疑解惑，都是引导学生健康成长的有效途径。

三、高校学生公寓管理的体制

（一）高校学生公寓管理体制的概念

管理的本质，是在特定情境下，高效规划、组织、引领并监管组织资源，以期实现既定目标的系统性实践。它不仅服务于目标的达成，还致力于通过优化资源配置促进目标的实现。管理活动构成一个环环相扣、连续展开的过程，并且总是在特定的政治、经济、文化背景下执行。因此，脱离了具体的政治、经济、文化背景及其物质基础谈论管理，无异于缘木求鱼，无法实现真正的管理效能。

我国特有的学生公寓管理体系，植根于中国特色社会主义市场经济体系下的教育体制与办学模式，旨在通过科学化管理学生公寓，创造优良的学习生活环境，以教育、管理和服务的综合手段达成育人的根本目的。在这个体系内，要清晰界定学生工作部门、后勤服务（含物业管理）部门、安全保卫部门、学生辅导员及公寓管理人员各自的职责权限，同时建立健全公寓管理的相关规章、决策流程，确保管理工作的有序、高效运行。

（二）高校学生公寓管理体制的类型

随着我国不断深化改革，特别是高等教育后勤服务社会化进程的加快，学生公寓的管理体制也在持续演变、发展。当前，高校学生公寓的管理模式主要归纳为以下三种类型。

1. 学生自治体制

学生自治体制是人本化管理理念在高校学生管理体系中的具体体现。人本管理思想源于 20 世纪初期对泰勒科学管理法的反思，后者侧重于生产活动的量化标准和严格操作规程，却忽略了人的因素。人本管理在知识经济时代着重提升个人的知识、能力和创新能力，强调管理应以人为本，构建激励机制以激发每个人的潜力，营造一个尊重、和谐、积极向上的环境，鼓励创新与参与。落实到学生管理领域，便形成了学生自治的模式。学生自治的核心在于，通过公开选拔住校学生参与管理与服务工作，组建学生公寓管理团队，共同制定公寓管理规则、流程、评估标准及奖励措施。这一体制不仅体现了对学生主体性的尊重，也促进了学生自我管理能力的培养，真正实现了管理中的人文关怀与个性发展并重。

与此同时，建立学生公寓民主管理委员会，并确立民主管理制度，旨在确保该委员会的民主权利与公寓管理机构的职能协调一致、相互制衡，以此提升学生公寓管理的整体效能。学校负责提供必要的住宿条件，配置相应的设施设备，为高效开展公寓管理工作奠定基础，明确职责权限，给予指导，并积极协调各方关系，全力做好服务保障工作。学生自治的模式主要有两种：第一种模式是学生全权负责公寓的运营，实行自我管理、自我教育、自我服务及自我监督，学校则从旁提供必要的支持与指导，如深圳大学、华侨大学、湖州职业技术学院等院校采用的模式；第二种模式是学校扮演支持与辅助角色，确保公寓管理与服务机制顺畅运行，同时鼓励学生参与自我管理和日常服务。

2. 行政管理体制

行政管理体制依赖后勤部门提供住宿基础设施，学校通过集中行政指令实施领导，并将管理任务分散执行，包括管理方式、收费标准等关键决策均由校方高层统一制定。管理过程中，学生事务部门、安全保卫部门及后勤服务部门依据各自明确的职责范围开展工作。尽管这种行政管理体制确保了管理决策的高效执行，但多头管理可能导致各自为政、协同不足的问题，有时还会引发管理者与学生的隔阂乃至冲突。不可否认，该体制在过去　段时期发挥了积极作用，但面对日益强调民主与和谐的现代社会，其内在的局限性和弊端越发凸显，亟须通过深入研究与调整加以改进和完善。

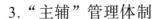

3. "主辅"管理体制

"主辅"管理体制以学校行政管理为主导，辅以学生参与，具体呈现为两种形式：一是通过选拔或部门推荐，让学生直接担任学生公寓管理机构的副职或助理，配合中心主任或科长完成公寓管理工作，并负责楼委会相关事务；二是组建包含学生代表的学生公寓管理委员会，作为学校管理公寓的辅助力量。这种"主辅"管理体制，有利于吸纳学生的意见和创意，锻炼学生的组织协调能力，同时促进管理者与学生之间的信息流通和情感交流，有助于增强学生对学校管理决策的理解与支持。

四、高校学生公寓管理模式的含义与类型

（一）高校学生公寓管理模式的含义

高校学生公寓管理模式涉及学校在管理所有学生住宿事务中采纳的组织结构与管理策略，是实现学生公寓系统化管理的基础框架，其构建受到社会体制环境、学校规模及内部管理体系等多重因素影响。恰当的管理模式对于学生公寓管理效率最大化、全面达成管理愿景至关重要，因此，各大高校均高度重视并积极探索适应自身特点的学生公寓管理模式。

（二）我国高校学生公寓管理模式类型

当前，在我国各高校实施的学生公寓管理模式大体上可归纳为四种类型。

1. 学生自治管理模式

学生自治管理模式倡导学生自主组建并承担公寓的安全监管、水电维护、公共财物修理，以及作息与卫生制度的制定和执行监督等责任，而学校主要提供理论指导、方向引领及适度的经济支持。这是一种深度体现学生公寓民主管理原则的模式。实现自治的核心组织为学生公寓自我管理委员会，其成员由学生广泛推选，并经学校审批确认，负责公寓的宣传推广、规章制度执行、工作检查评优、违规行为处理及服务设施运维等全面管理任务。学生自治管理模式因针对性强、灵活性高、覆盖面广及效率显著等优势，在理论层面备受赞誉与肯定。然而，实践中却经常遇到挑战，如学生自律性不足、缺乏足够数量的高校学生干部，导致该模式虽在理论上获得认可，但在实际学生公寓管理中的应用并不广泛。

2. 学生工作系统主管模式

学生工作系统主管模式以学生工作系统为核心，全面负责学生宿舍管理。具体来说，该模式下的学生工作领导小组，由各学院（系）负责学生工作的党总支书记或副书记、团总支书记、政治辅导员及班主任共同构成，他们不仅负责学生的思想教育，还全方位监管宿舍的安全、水电供应、卫生保持及维修事宜，而后勤部门则专注于提供必要的物资支持。这种管理模式具有较强的目标性和灵活性，有助于深化学生的思想教育，推动学生的全面发展。然而，由于领导小组成员在承担教学、科研任务的同时还要兼顾宿舍管理，常常感到分身乏术，难以面面俱到，导致工作效率和效果受到影响。

因此，这种管理模式逐渐被其他更有效的管理模式所取代。

3. 行政分工管理模式

行政分工管理模式是我国高校长久以来沿用的学生宿舍管理方式，各校职能部门依据自身职责范围，分别负责宿舍管理的不同方面：后勤部门负责宿舍设施供给、维护及环境清洁，校团委专注学生的思想品德教育，校园安保部门确保宿舍区域的安全。通过这种行政职能分工的管理模式，学生宿舍管理被细分为多个专项任务，每项任务责任明确，有利于各专业部门工作流程的标准化与规范化。但随着宿舍管理需求日益复杂多样，行政分工管理模式暴露出其局限性，如多头管理、责任推诿、协同合作不足及整体效能低下等问题日益凸显，难以满足当前的实际管理需求。因此，在现代学生宿舍管理实践中，这一模式已逐步被更加高效、整合度更高的新型管理模式所替代。

4. 学生综合管理模式

学生综合管理模式是指以后勤服务总公司或学生工作部（处）为领导核心，学生公寓管理科或学生公寓管理中心扮演主要实施者角色，协同后勤、安保、思想教育及学生事务等部门，以及院系、参与公寓管理的学生工作人员、管理员和保安等，依据各自职责紧密合作，共同提升学生公寓管理水平。管理实践中，融合行政手段、思想教育、经济调节、心理咨询等多种策略，旨在全面提升管理效能。管理内容涵盖了公寓卫生、安全、秩序维护及日常维修，旨在营造干净、有序、设施完善的居住环境，确保公寓内外环境的整洁与安全，有效应对各类突发事件，实现教育引导、规范管理和贴心服务的有机结合。当前，这一综合管理模式在国内高校学生公寓管理中颇为盛行。面对新的发展形势，随着高校后勤社会化改革的深入，如何高效整合教育、管理、服务三大职能，成为众多高校积极探索的方向。其中，湖州职业技术学院推行的学生社区管理模式堪称典范，成效显著，构建了学生管理、物业运维、安全保障、餐饮服务"四位一体"的综合管理体系，为高校学生公寓管理提供了新思路和成功案例。

第四节　高校学生社会实践管理模式

高等教育培养人才的路径丰富多样，引导学生积极参与社会实践是其中至关重要的一环。早年间，大学教育主要依赖课堂教学，系统地灌输理论知识以培育人才。但随着社会生产力的持续进步与变革，大学教育对教育及人才培养的目标也随之更新，单纯依赖理论知识传授的培养模式已逐渐滞后于时代的发展需求。现代社会生产活动不仅要求人才拥有深厚的理论功底，还要求他们具备实践操作能力和创新思维，拥有科学的社会观念与强烈的责任感，以及高尚的道德情操和良好的心理素质。这些综合性素质的培养，仅凭传统的课堂教学是难以充分实现的。因此，随着现代工业社会的兴起，社会实践作为教育的重要组成部分被引入大学教育体系，在培养学生全面能力中所起的关键作用日益受到社会各界，尤其是教育界人士的高度重视。

一、高校学生社会实践的科学内涵

高校学生参与社会实践，是一种践行教育理念、达成高等教育目标的教学模式，其核心在于学生在有导向、有规划的前提下，主动踏入社会实际，通过亲历生产实践活动与社会生活，旨在提升对社会的认知、提高知识技能、树立正确的人生观与社会观念。作为高校教育不可或缺的一环，社会实践与课堂教学相得益彰，二者合力推进人才培养进程，共同促进学生的综合素质提升与全面发展。

学生社会实践对于促进个人全面发展具有深远意义，其价值主要体现在以下四个层面。

（一）社会实践帮助学生建立科学的世界观

世界观是个体对世界的总体认知与基本态度。在生活实践中，每个人都会逐步构建起自己的世界观，但由于个体成长背景、教育经历及所受影响的差异，不同的世界观存在显著区别。从根本上讲，世界观可以分为正确与错误两大类，正确的世界观经过理论的深化与体系化构建，能上升为科学的世界观体系。帮助学生树立正确的世界观，需要双管齐下：一是鼓励学生积极融入社会，通过频繁的社会实践，超越事物表象，深入探究本质，以此修正基于表象的片面认识或错误认识，确保个人认知与事物本质及发展规律相符；二是通过系统的思维训练课程，引导学生学习历史上形成的正确的世界观理论，认清在世界观形成中常见的误区，促使学生自我反省，不断在个人世界观中融入新的科学元素。因此，社会实践对于培养学生科学世界观而言，是至关重要的。

（二）社会实践推动学生的社会化进程

社会化是一个持续的过程，个体通过不断调适与社会生活的关系，逐渐从"自然人"蜕变为"社会人"。在这一过程中，社会实践对于培养学生的社会责任感尤为关键。众多高校组织学生深入基层参与社会实践活动，不仅加深了他们对改革的复杂性和艰巨性的理解，还增强了他们的社会责任感。通过实践，学生日益认识到，社会呼唤的不是冷漠的旁观者或仅具同情心的看客，而是积极投身伟大建设工程的热情参与者。这样的体验让他们摒弃了原有的自视甚高，转而以更加积极和投入的态度面对学习、生活和工作。

社会实践进一步推动学生实现社会角色转变。这些活动使学生清晰地看到自身与社会要求之间的差距，认识到自身在知识和素质上的不足，从而促使他们重新审视和正确评价自己，帮助学生从"唯我独尊"的幻想中回归现实，重新定位自我价值实现的基点，并在复杂多变的社会中找到个人与社会的最佳契合点。此外，社会实践还有助于改善学生与长辈之间的代际关系。当前，一些学生倾向于安逸，逃避困难，自视甚高，对父辈持保守、正统的偏见，导致两代人之间存在隔阂。实际上，这种隔阂往往源于学生对父辈缺乏了解。通过社会实践，学生以普通劳动者的身份直接参与社会财富的创造，让他们更加尊重劳动成果，也培养了他们对父辈的理解和尊重。最终，社会实践促进了两代人之间的沟通和理解，消除了偏见，有效推动了代际间的交流与融合。

（三）社会实践有助于学生能力的提升

现今，一些学生面临诸如理想与实践脱节、轻视社会实践、缺乏群众基础及实践操作技能薄弱等缺陷，而积极参与社会实践恰好能有效弥补这些缺陷。受应试教育倾向的影响，部分学生过分专注课本知识，忽视了社会实践的重要性，出现了"考试高分、实践低能"的现象，这不仅限制了他们在各领域发挥作用的能力，也延缓了他们的成长成才之路。实际上，实践是通往成才的必经之路，唯有通过实践活动，才能真正实现理论知识与实践操作的融合。

经验证明，诸如社会调研、科技咨询服务、信息支援、公益劳动等形式多样的社会实践活动，不仅能直接、高效地激发学生的智慧潜能，实现分数与能力的和谐统一，还将书本知识与实际应用紧密结合。更重要的是，这些活动让个性迥异的学生根据自身需求参与其中，做到"哪里不足补哪里"，从而在实践中个性化地充实自我，不仅优化了教学方法，也针对性地改善了学生个人的不足之处。

（四）社会实践促使学生贴近群众

回望历史长河，凡是在各个领域有所成就、有所创新的青年知识分子，无不是在热烈的社会实践浪潮中磨砺成长的。诸多政治领袖、经济学家、教育先驱、军事战略家、文学巨匠等，皆是在丰富多彩的社会实践活动中锻炼成才，他们以实际行动树立了光辉榜样。唯有广泛而深刻地参与社会实践，与广大人民群众紧密相连，学生才能健康地成长与发展。

二、高校学生社会实践的具体实施

（一）高校学生社会实践的内容

1.深入企事业单位，开展社会调查

学生通过实地踏入城镇与乡村，积极参与社会调研与考察活动；深入城乡基层、部队营地、科学研究机构、各类企业和事业单位，进行广泛的社会调研与考察，增加对社会结构、国家现状的认知，并为社会及企业的发展提出宝贵建议。社会调研与考察的根本目的在于，直观把握社会现实，揭示社会现象本质，洞察其发展的内在规律。这一过程作为获取与分析社会信息的关键方法，在当今社会扮演着日益重要的角色。

2.深入企事业单位，开展社会服务

学生通过投身城镇社区及偏远乡村，举办文化教育培训、普及科学知识讲座、法律宣传与咨询服务，积极参与并促进城镇乡村的物质文明与精神文明建设。

科技服务活动紧贴经济建设的核心需求，覆盖城镇社区及县乡范围的中小型企业。学生依据自身专业知识，依托技术优势，在教师的引导下，投身科研项目攻克、工程技术设计、科技成果普及、科技顾问服务和技术支持等工作，旨在将科学技术直接应用于实际生产，助力产业升级。

信息服务活动涉及搜集和整理人才交流、农工商科技发展及社会生活等多领域的信息资源，既向服务对象提供丰富的信息资源开发与利用情况，也帮助传递服务对象的信息，旨在实现人才效益、社会效益与经济效益的三重提升。学生凭借在校期间积累的专业知识，能有效开展信息服务活动，促进信息资源的开发利用成果跨领域传播与应用，搭建信息资源共享与利用的桥梁。

3. 深入企事业单位，开展教学实习

高校学生党员携手城市社区党员、农村基层党员及企事业单位党员，共同致力于开展创新争优活动、"两学一做"学习教育、主题党日活动及党的先进性与纯洁性教育等互动交流，增强党组织的活力与凝聚力。

教学实习作为教学计划的社会实践组成部分，是按课程安排定时进行的必修环节，学生需要参与并完成以获取相应学分，对确保教育目标的实现及提升学生的综合素质至关重要。它涵盖认知实习、生产实习及毕业实习等多个阶段，尤其对于理科、工科、农科、医科等专业的学生来说，是将生产实践融入教学体系，实施思想政治教育、职业道德培育、专业教学及职业技能训练的基本途径，构成了这些学科社会实践的核心内容。

4. 深入企事业单位，开展勤工俭学

勤工俭学对学生个体与国家均具有重要意义。从学生个人角度来看，勤工俭学助力学生的成长与成才之路；从国家角度来看，勤工俭学为高科技人才的培育贡献力量，同时促进教育体制的革新与教育事业的持续发展。假期，学生担任兼职教师、销售代表、打字员、秘书、酒店服务人员等，不仅能在一定程度上缓解贫困学生的经济压力，还能成为高校实施社会实践、培养学生成为独立自强个体的有效途径之一。

具体来说，校内的公益性劳动，走出校园参与社区服务，与企事业单位、军队、科研机构、乡村组织、居民委员会及商业企业等开展的多种形式合作，均为勤工俭学实践的重要组成部分。

（二）高校学生社会实践的形式

1. 活动型社会实践

活动型社会实践项目主要围绕文化、科技、卫生领域向农村地区延伸，常见模式是学校与地方合作，以学校为主体在当地举办文艺会演，吸引群众观赏；或是筹办大型科技咨询服务、文化传播及医疗健康公益活动，这些活动往往场面壮观，氛围热烈，影响力显著。但是，这类活动往往耗资不菲，组织工作繁复，且参与者数量有限。当前，它已成为学生社会实践的主要模式，但仍存在改良的空间。

2. 参观型社会实践

参观型社会实践形式是带领学生参观风景名胜区、工厂，并通过座谈会等形式进行学习交流。这类活动虽在某种程度上能丰富学生的见识、增强学生间的友谊、加深学生对国家自然风光的认识，但对于实现深度教育目标的直接效果较为有限。因此，学校倾向于将这类活动作为一种奖励措施，针对优秀学生或学生干部，组织小规模团队参与，但实际收效尚有提升余地。

3. 课题型社会实践

课题型社会实践通常由教师引领，跨年级学生共同参与，组建专题研究小组，承接来自政府或企业的研究项目，通过广泛而深入的调研与宣传活动，集中力量解决课题难题。课题型社会实践活动深受学生欢迎，积极性较高，且得益于社会资金的有力支持，能够持续稳定地进行。

4. 生产型社会实践

生产型社会实践主要吸纳高年级本科生、研究生乃至博士生参与，他们直接融入生产实践的具体环节，是知识的运用者，促进生产进步；同时，在实际操作中学习到书本之外的宝贵经验，实现理论与实践的相互促进，展现出强劲的生命力和持久性。

三、高校学生社会实践的制度化建设

高校应当将学生社会实践整合进其整体教育规划中，通过精心策划短期目标与长期目标，配套制定相应的文件体系，构建一个健全的学生社会实践制度框架。这一制度需要详尽阐明实践活动的指导理念、基本原则、目标设定、内容形式、实施手段、时间安排、考核评价标准、工作量评估、激励机制、组织架构、领导责任及相关政策措施，并需要随学校体制的革新适时调整，确保实践活动紧贴学校发展实际，有明确的规则可依循。高校在推进学生社会实践的制度化进程时，核心要点应涵盖以下四个方面。

（一）建立社会实践领导小组制度

学校应当组建一个学生社会实践活动领导小组，由负责学生工作的党政领导，以及教务、科研、后勤、学生处、团委等相关职能部门的代表共同参与，负责全校社会实践的宏观规划、方案制定及具体执行的全面协调。在各学院（系、部）层面，应设立由分管学生工作的党总支书记或副书记、团总支书记和学生工作办公室主任等组成的社会实践领导小组，专注于本学院（系、部）社会实践项目的规划与执行。此外，为了促进高校社会实践与地方、企业的顺畅合作，可以考虑邀请校外人士加入社会实践领导小组，如地方政府领导、地方团市委成员及企业负责人等，通过建立密切的合作关系，为高校社会实践的外部拓展提供便利条件和有力支持。

（二）完善社会实践基地建设

随着学生社会实践的日渐成熟，建立社会实践基地的制度化管理成为必然趋势。相较于初期零散、偶发性的实践活动，基地化的社会实践能够制定更长远的规划，为人才培养提供系统化的实施方案；同时，也有助于基地与学校之间建立长期稳定的互利合作关系，确保社会实践在双方共同意愿与支持下健康、持续地发展。社会实践基地制度建设涵盖两个核心方面：首先是服务教学研究的社会实践基地制度构建，这类基地囊括城市中的工商企业、农业生产的实践单位等，旨在为学生提供专业实践平台；其次是思想政治教育与党建工作社会实践基地的制度建设，包括城市社区、农村基层党组织、各类爱国主义教育场所（如革命纪念馆、历史博物馆、烈士陵园）等，着重加强学生的理想信念教育和社会责任感培养。

（三）建立社会实践指导教师队伍制度

过往学生社会实践的经验告诉我们，教师的深度参与是确保实践活动取得实效的关键。因此，建立健全社会实践指导教师队伍制度尤为重要。根据实践活动的不同性质，需要配置相应的指导教师：侧重于教学研究的社会实践活动，宜由专业教师或该领域技术人员担纲指导；对于思想政治教育导向的社会实践，应由政治辅导员、政治理论教师或外聘的政工人员担任指导教师，以发挥他们在人格魅力、理论素养、专业知识及专业技能上的优势，进一步激发社会实践的活力，促进学生在实践中的全面发展。在构建社会实践指导教师队伍制度时，需要综合考虑以下八点。

（1）实践基地的特性，即教学研究型基地与思想政治教育型基地对指导教师资质的需求有所差异。

（2）学校现有的相关政策与支持措施。

（3）教师在社会实践中的角色定位与作用发挥。

（4）实践活动期间的组织管理与领导机制。

（5）严格遵守的纪律规范与要求。

（6）实践地点的精心选择与合理安排。

（7）与职称评审、职务晋升挂钩的激励机制。

（8）明确并合理计算教师的社会实践工作量。

（四）建立社会实践考核与激励制度

考核与激励制度是提升社会实践活动效果的关键途径之一。具体来说，应明确学生实践活动内容并赋予相应学分，为教师分配具体任务并核算其工作量，同时对学院（系、部）及教研室设定实践规划与考核标准。社会实践活动的评价应紧密联系"八个方面"：与学生德、智、体、美、劳综合素质评价相连，与奖学金评定结合，与评选先进个人与先进集体关联，与团内民主评议、党员发展及研究生免试推荐挂钩，与优秀党、团员评选挂钩，与学生获取学分直接关联，与经济利益的分配挂钩，与教师工作量认定及干部绩效奖惩制度衔接。如此一来，可以激发学生、教师及干部群体，乃至社会各界与相关单位参与社会实践的热情与主动性，进而促成社会实践成为一个自我循环、有机运行、持续发展的动态体系。

第三章 "互联网+"时代下高校学生管理工作

第一节 互联网媒介素养教育

一、高校学生网络媒介素养教育的特征

（一）教育理念的转变更新

在经典教育模式中，教师扮演着传授知识的核心角色，对教学质量起着决定性作用。然而，随着"互联网"时代的到来，学生能够通过多样化的渠道获得信息，导致教师在知识传播过程中的传统主导地位逐步减弱。有人指出，网络媒体的广泛覆盖标志着我国教育迈入一个"逆向传授"的文化阶段，这对长久以来的师生关系模式构成新的考验。面对这一变局，教育工作者应当适时调整思路，从以往的"以教师为中心"转向强调"师生共同成长"的教育观念，这意味着要基于对学生需求、认知行为的深入剖析，以及对其网络媒介使用偏好的细致研究，构建一套既符合时代发展趋势，又能精准对接学生实际需求的媒介素养教育策略，促进师生在互动与合作

中共同进步。

（二）教育方法的创新发展

新媒体凭借交互性、时效性、多媒体性和多元文化性等特点，在当代大学生中广受欢迎。如今，大学生已不再是仅仅依赖报纸、电视和广播等传统媒介获取信息，而是更倾向于利用移动应用服务和社会性网络服务等新媒体平台，获取资讯并享受其中的参与感和互动性。这一趋势对教育方法的创新提出了更高要求，要求我们从原有的灌输式、单向教育方法转向一种更加注重学生与环境融合、情感表达、团队协作，以及多样化传播形式的参与式教育模式，其中，包括建立联系、自由表达、共同解决问题和循环反馈等文化形式。

（三）评价反馈的机制完善

詹金斯提出的 12 项新媒介素养能力，涵盖了游戏、表演、模拟、挪用、多重任务处理、分布性认知、集体智慧、判断、跨媒介导航、网络、协商和可视化等多个方面。这标志着在网络时代，新媒介的技术和内容对个人的媒介素养提出了更高层次的要求；同时，反映了受众在新媒介环境下，渴望在社交、尊重和自我实现等更高层次需求上得到满足。为了满足新时代的人才培养需求，我们需要进一步完善现有媒介素养教育评价体系。从过去主要关注媒介文本的阅读理解能力，转向更加注重实践参与能力、角色转换表现能力、信息采集与再加工能力、监测环境和把握事物关键细节能力，以及了解、尊重和适应多元文化的能力等方面的综合考查。

二、加强大学生网络媒介素养教育的必要性

尽管教育领域和学术界的一部分人士已认识到网络媒介素养教育的重要性和价值，但是从整体上看，我国在网络媒介素养教育方面仍处于起步阶段，这体现在以下三个主要方面。

（一）缺乏公共政策的制度保障

针对大学生的网络媒介素养教育，作为一个亟须启动的综合性工程，迫切需要政府层面的主导，规划和出台相关政策，确保在技术支撑、资金投入、协同推广及责任明确等方面实现高屋建瓴的设计与统一协调，旨在构建一个集课堂教学、社会实践、家庭引导于一体的，全方位、多层次的教育生态系统。

（二）缺乏课程体系建设和规划

当前现状表明，我国多数高等院校尚未将网络媒介素养教育融入正式的教学计划，既没有明确学生应掌握的基本媒介素养知识与技能要求，也未开设诸如媒体传播原理、媒介内容分析与批判、传媒法律规范及伦理道德等相关课程。实际上，将媒介素养教育嵌入高校课程体系的核心，通过必修课程或选修课程促使学生掌握高效获取信息、理解媒体运作机制、批判性筛选传播内容及创作媒体作品等能力，是提升大学生媒介素养水平与综合能力至关重要的路径。

（三）缺乏科学调研和系统研究

目前，国内对媒介素养教育的研究多侧重于介绍西方的实践、基本内涵和重要性。在针对国内大学生网络媒介素养教育方面，尚缺乏深入的科学调研和系统研究，也缺少符合我国国情和大学生特点的教材与宣传资料。

为了应对参与式文化下的挑战，结合我国国情和高等教育的发展实际，我们需要从政策制定、课程开发、教师培养、社会实践及科学研究等多个维度加强大学生网络媒介素养教育。因此，我们可以构建　个既具有现实针对性又切实可行的网络媒介素养教育体系，以更好地适应时代的需求。

三、针对新媒体环境下我国大学生媒介素养存在问题的解决措施

为加强我国大学生的媒介素养教育，鉴于新媒体环境对其带来的特定挑战，以及借鉴国外媒介素养教育的先进经验和成功案例，我们可着重从以下两个方面推进及改进。

（一）学校方面

1. 开设媒介素养教育课程，建设高素质媒介素养教育队伍

媒介素养是一个新兴领域，目前，我国在这一领域的教育实践仍在探索符合国家实际情况的道路上，尚未完全成形。大学生群体对"媒介素养"这一概念既感亲切又觉生疏，对于该学科蕴含的意

义尚缺乏全面、深入的理解。将媒介素养教育融入大学课程体系，依托各高校的独特优势，是应对大学生媒介素养挑战最高效与科学的策略之一。具体来说，在高校课程设计上可采纳理论与实践相结合的模式，既开设侧重实践操作的课程，也不忽视多元理论知识的传授。此外，通过组织专题讲座、辩论赛等形式的活动，不仅能丰富教学手段，还能有效引导大学生建立正确的新媒体认知框架。

2. 营造媒介教育氛围，进行媒介素养宣传

媒介素养教育欲深入人心，成为大学生日常生活的一部分，首先需要经历一个广泛认知与接纳的阶段。因此，高校校园应当充分发挥在传播知识与文化等方面的独特作用，加强对媒介素养理念的推广，将校园广播、电视台、校报、杂志及各类学生社团等平台作为宣传媒介素养的重要舆论前哨，这些媒介不仅是学生精神文化生活的核心组成部分，而且对学生的思想行为有着深远的熏陶作用。因此，强化校园内的媒介素养宣传工作，关键在于构筑一个立体化的舆论环境，借助多样化的媒介工具与方法，共同培育一个积极健康的媒介学习生态。

3. 充分利用高校校园资源，提高媒介认知

媒体作为社会不可或缺且日益壮大的力量，其内容与精神实质已渗透到大学生的日常生活中。高校校园内，教育资源丰富多样，包括校报、校园广播、电视台、校园微博等，均为学生提供了参与媒介实践的宝贵平台。因此，高校应积极鼓励学生利用这些媒介资源，比如，设立校报编辑工作室，让学生亲身体验从信息搜集、编

辑加工到发布传播的全过程；创办并管理校园微博账号，成立微博管理小组，让学生亲自参与微博内容的策划、推广及运维等环节，以此提高学生的实际媒介操作能力。

（二）媒介方面

1. 媒体和高校校园合作，为大学生提供实践平台

媒介素养教育与实际媒介操作是相辅相成的，应促进大众媒介与大学校园的紧密合作，为大学生搭建更多的实践舞台。例如，媒体与高校可以携手举办"校园 DV 新闻创作大赛"，邀请业界专家深入校园，为学生提供专业指导；学生则全链条参与从拍摄到后期制作的每个环节，最终的获奖作品有机会在媒体平台上展示，这样的方式不仅让学生感受到成功的喜悦，更在实践中掌握了媒介知识。网页设计大赛、新闻采编大赛等都是媒介与高校合作的理想模式。同时，高校可以定期邀请知名主播、资深编辑及一线记者等走进校园，与学生近距离对话，增强学生对媒介的直观感受，减少他们对媒介的陌生与隔阂。这样能使大学生不被媒介的表象和内容左右，成为有判断力的媒介消费者，而非被动接受或沉迷新媒体带来新鲜体验的旁观者。

2. 媒介发挥"把关人"的作用，提高自身的公信力

媒介在信息的生成与传播中应扮演好"守门员"角色，琳琅满目的传媒文化对大学生的价值观念产生强烈冲击，深刻影响着他们的世界观与价值观。在这个信息爆炸的时代，媒介握有筛选与发布

信息的重权，决定着哪些信息能够流通于世。媒介应当承担辅助大学生认知社会、丰富知识库的责任，确保传递的信息富含正面价值导向，让学生在日积月累的接触中受到良好熏陶。因此，媒介工作者不仅要不断提升自身的理论素养与采编播的基本技能，而且要坚守正确的舆论方向，用正面的舆论力量引领大学生，帮助辨别能力较弱的大学生了解真相。此外，媒介从业者必须秉持职业道德，对其职业行为的社会影响负责，这是确保媒介健康发展的基石。

第二节　构建专门的网络平台

在当今社会背景下，网络凭借海量的信息资源成为大众获取信息不可或缺的首选渠道。尤其在高校内部，随着校园网络设施的不断优化与信息化进程的加快，"智慧校园"概念的重要性越发凸显，网络作为一股外在驱动力，深刻影响着校园文化的塑造。校园网络日益成为教师与学生学习交流、日常生活及进行思想政治教育的核心平台。高校要紧抓网络平台的搭建与优化，确保校园网不仅是大学生学习与生活的便捷之窗，而且是体现服务理念的前沿阵地。通过科学规划与设计，增强网络平台的各项实用功能，使其成为方便师生、提升效率的关键工具。同时，高校应充分利用网络平台，提升其在大学生思想政治教育工作中的应用价值，使之成为传递正能量、引导青年思想的重要载体。此外，深化网络平台的内容开发与创新，使其内容丰富多彩，互动性强，吸引大学生积极参与校园文化构建，让校园网真正成为他们文化生活的重要舞台。

一、高校网络平台构建的有利条件

（一）时代发展的需要

在互联网时代快速演进的今天，网络已经深度融入人们的日常生活，凭借广泛的用户基础和跨年龄段的覆盖能力，其影响力与日俱增，悄无声息地重塑着公众的价值观和思维模式；凭借信息资源的极大丰富，其革新了公众的学习方式；凭借高效便捷的特性，其转变了公众的人际交往模式。尤其在高等教育群体中，互联网普及率居高不下，为高校提供了前所未有的机遇。高校应借此良机，在教育教学与学生管理中融入更多元、更具吸引力的手段，力求在网络空间中最大化教育功能、管理功能和育人功能的效能。针对新校区的文化建设和信息化推进工作，高校可充分利用社会上已成熟稳定的网络平台资源，这些平台经过实践检验，更贴合实际需求，能有效减少自建网络平台可能遇到的技术障碍，为校园文化的繁荣和信息化建设的加速推进创造有利条件。

（二）发展前景好

校园网络平台凭借网络技术的特性，展现出鲜活、全面、新颖、快捷等多重优势，易于用户参与和互动。校园网络平台不仅是弘扬校园主流文化的新兴舞台，也是展现高校文化底蕴、教育理念及特色优势的最佳窗口。尽管相较于其他领域，高校在网络平台建设方面起步较晚，但这却意外地减少了既有体系的束缚，避免了传统思维定式的局限性，减少了转型期可能遭遇的阻力和痛苦。因此，高校在网络平台的拓展与校园文化的积淀上，得以探索和实践全新的发展模式。

二、高校网络平台的构建途径

（一）打造特色网络品牌

校园网络平台成效的衡量，核心在于内容的精确性与更新的时效性。如今的高校学生群体，大多是在互联网环境中成长起来的，要想在网络上吸引他们的注意，就必须具备独特的形式、充实的内容和快速的更新频率。因此，高校校园网络平台迫切需要摆脱形式僵化、内容贫乏、功能单一及更新缓慢的局面，从根本上解决吸引力弱、使用率低的问题。平台应致力于功能的优化与完善，提高用户的参与度，加速并深化与校园文化的融合进程，从而有力推动高校的全面发展。鉴于此，新建高校校区在构建特色网络品牌形象的过程中，应当积极借鉴并利用社会上已趋于成熟、影响力广泛的媒介资源，以期在网络文化建设的道路上迈出更加坚实的步伐。

（二）优化校园门户网站

校园官方网站是每所高等学府在虚拟空间中的亮丽名片，承担着信息发布的核心职能。在这些官网上，不妨创新设立反映校园特色的专栏，诸如重庆邮电大学的红岩网校、河南农业大学的太行之路网站，这些专栏大多围绕院校学术专长，紧密联系学生这一主体受众，融汇思想教育、专业知识、科技前沿、就业导航及特色文化等多元化内容。设计精良、布局得当、内容新颖的校园网站，不仅能有效提升外界关注度，还能吸引更多学生积极参与，增强他们对学校的认同感和归属感。此外，建立校园官方微博是拓展网络影响力的新型渠道，随着高校、企业、政府等纷纷入驻微博，不仅拓宽了宣传覆盖面，也实现了信息的即时发布与互动交流。鉴于当下学生群体普遍习惯通过手机浏览微博，校园官方微博正好能借助微博的即时传播特性，聚焦学生注意力，通过推送社会热点、分享学习生活指南、组织线上活动及互动讨论等方式，利用微博的迅速传播优势，为其他校园文化建设项目提供有力的线上支持与补充。

（三）建设其他网络平台

当前，新兴网络交流平台如贴吧、微信、在线论坛、QQ空间等，逐渐成为人们沟通的"新宠"。随着移动通信技术的飞速进步，越来越多的网络用户倾向于通过智能手机或平板电脑等移动设备参与网络互动。对大学生来说，利用手机刷微信朋友圈、浏览贴吧、参与论坛讨论、发表动态、更新个人空间，已成为日常生活的一部分，这些平台成为他们休闲时表达自我情感、相互交流的重要场所。因此，高校应高度重视这些公共网络平台的开发利用，利用其庞大的用户基数，创建具有高校特色的网络平台，以辅助进行大学生的品德教育，推动校园文化的多元化健康发展。同时，高校需要妥善利用并管理这些平台，通过发起热门话题、组织讨论交流、宣传活动信息等手段，有效促进校园文化的建设与传播。

（四）充分挖掘潜在人力资源

网络的迅猛发展，得益于其前所未有的更新速率与卓越的互动参与性，相较于传统的纸质媒体，电子媒介日益成为人际交往的主流。建设校园网络平台，不仅需要物质资源的投入，还需要挖掘并激活校园内潜在的巨大资源——人才。有效动员并开发这些人力资源，既是对个体主体性作用的充分发挥，也是人本主义教育理念在学校实践中的合理应用。鉴于新建高校校区通常历史较短，更应广泛调动专业教师、辅导员等教职员工的积极性，集思广益，创新内容制作与技术提升，主动参与校园文化体育活动，通过转发、分享等形式活跃网络平台；同时，积极动员学生干部、学生党员等学生群体，他们作为校园网络平台的直接受益者，也能成为积极参与的建设者。通过盘活现有群体并深挖潜在资源，可以实现教育者与受教育者共同参与网络平台的宣传和建设，共创线上、线下融合的教育新生态。

（五）建立健全管理体制

大学生群体在网络社交中表现得极为活跃，是网络互动中最频繁的主力军。因此，高校新校区的各职能部门及学院应深刻认识到构建网络平台的紧迫性和重要性，增加投入，加速推进校园网络平台的建设。高校需组建专业的技术团队，专门负责网络评论引导、舆情监控、网络动态监管以及应对网络突发事件，确保网络平台的有效维护、管理和利用。在此基础上，基于现行的校园管理制度，进一步规范并创新网络平台的管理模式，通过建立健全的规章制度，清晰界定管理者与使用者的权利和义务，强化管理规范，引导学生树立正确的网络道德观念，营造文明有序的网络使用环境。同时，构建多层次的网络平台管理体系，优化信息监控、收集、分析和干预流程，确保校园网络平台运行顺畅，有效保障网络空间的健康与安全。

（六）营造校园网络文化，共筑品牌校园文化

网络技术的融入，使高校校园文化变得更加丰富多彩、生动活泼，同时对高校的思想政治教育及德育工作带来新的考验。建立一个内容饱满、功能齐全、开放包容的校园网络平台，不仅能引导学生形成健康的网络使用习惯，传播积极向上的校园主流文化，还能彰显高校独特的品牌形象。精心构建校园网络平台，培育健康向上的网络文化氛围，共同塑造特色鲜明的校园文化品牌，不仅是对网络时代挑战的积极回应，更为全校师生创造了一个充满活力的成长和发展环境。

第三节　教育、管理、服务一体化发展

随着高等教育改革的持续推进和高校办学规模的不断扩大，教学活动与学生管理工作面临着一系列新的挑战。为了适应这一发展趋势，教学管理和学生工作体系必须与时俱进，建立起全员协同的响应机制，勇于探索将教学活动与学生管理工作有机结合的一体化新模式。

一、各类高校间在人才、科研、资源等方面的竞争异常激烈

从传统视角审视高校间的竞争格局，那些实施"985工程"与"211工程"的顶尖学府正全力以赴，力争跻身世界顶级大学之列；作为第二梯队的地方教学研究型高校，为争取进入国内高水平行列的竞争也进入白热化；其余院校同样不甘落后，奋力提升自身水平和竞争力，竞争态势日渐激烈。尽管各高校不懈努力，但短期内缩小差距并非易事，特别是遵循他人旧路，沿用传统思维模式、价值评判标准及教学质量要求，更难以取得突破。因此，高校不应拘泥于单一发展模式，而应拓宽视野，采取更灵活、高效的策略，整合多样化的资源，通过多元化、跨越式的路径提升教育质量。这意味着既要稳固基础，扎实完成教育的基础任务，还要勇于创新，开拓新视野，探索新路径，充分利用灵活的激励机制，

挖掘内在潜力，以非常规的发展策略，开启通往高水平大学卓越之路的大门。

二、基本观念、基本价值、基本图景是不断改革创新的思想引领

现代大学制度的"轴性理论"，强调公办大学与民办大学在机制上的优势互补，即公办大学的稳定性与民办大学的灵活激励性相结合，以探索出充满活力且高效运行的社会主义民办大学办学机制。此外，"职业化全位理论"也为我们揭示了现代大学不可或缺的管理模式思想。

三、践行教学管理与学生管理一体化的初步思路

调整机构设置，优化人员配置，完善分工协调。首先，撤销原有的学生处，将其部分管理职能划归教务处，使教务处涵盖教学运行管理、学生管理、教学基本建设管理和实验实践教学管理等多个方面。其次，进一步强化二级学院的管理职能，使教学与学生工作能更紧密地融合。分管教学的学院领导将负责协调学生工作，同时，加强学院办公室的职能和人员配置，使其能够统一负责教学、科研、学工、党务及行政人事工作的日常管理。这些举措为教学管理和学生管理的一体化提供了坚实的组织保证。

四、完善和创新一体化管理制度

在现有教学管理和学生管理制度的基础上，为达成一体化管理目标，我们将优化学校学工部、学生社区、校团委与各学院之间的协调机制，同时强化各学院在教学与学生管理方面的职能。我们的目标是构建一个运行高效、管理完善的教学与学生管理一体化模式及相应的制度体系，确保学生教育管理覆盖全面、深入细致、落实到位。为实现这一目标，我们计划试行一系列创新性的管理制度，如教学与学生管理联席工作例会制度、任课教师和辅导员交流协作制度，以及教风与学风建设联动制度等。同时，我们将由教务处牵头，携手社区、校团委、学生学业信息咨询中心及各学院共同参与，共同构建教学与学生管理一体化的基本制度框架。这将为我们的一体化管理工作提供坚实的制度保障，确保各项管理举措能得到有效实施。

五、加强教学与学生管理一体化的信息建设

建成一套统一的教学管理和学生管理信息系统后，高校可以实现信息的集中管理、分散操作和信息共享，推动传统管理向数字化、无纸化、智能化、综合化和多元化方向转型升级。为此，高校应持续优化和完善该系统，确保教学与学生信息资源的共享和互动，提升管理规范化水平，并强化学校和学院两级在教学与学生管理方面的协作一体化，以更好地服务学校的育人工作。当然，鉴于该系统涉及领域广泛、功能强大，其在为教学与学生一体化管理带来高效

便捷的同时，也对未来的管理工作提出了更全面和更严格的要求。

六、强化"全员育人"工作机制

学生培养需要教与学的紧密结合，如此才能达成育人的根本目标。高校应当积极探索构建一套全员联动、跨边界、无缝衔接的"全员育人"工作体系，将管理重心前置至教学班。这一体系应实施多层面、多角度、全方位的育人管理模式，广泛调动并充分利用包括班委成员、辅导员、学生家长、专业任课教师以及校领导等在内的各方力量，共同致力于培养德、智、体、美全面发展的优秀人才。

一体化管理模式并非简单的合并，而是一种相互统一、相互促进的管理运行机制。我们需要紧密围绕"育人"这一教学管理与学生管理的核心交会点，以教学为核心，激发教师教学的育人潜能，推动专业教学与学生管理的深度融合。通过这样的努力，逐步建立一个独具特色、高效的教学管理与学生管理一体化管理模式和运行机制。

第四章 高校校园文化的作用与功能

第一节 高校校园文化对学校发展的推动作用

高校校园文化构成了高等教育事业发展不可或缺的一部分，对于提升教育质量、推动教育改革与创新发展具有重大的积极作用。

一、高校成长发展的精神积淀

国家有其独特的国家文化，民族有其深厚的民族文化，企业有其专属的企业文化，同样，一所学校也应拥有其独特的校园文化。校园文化不仅体现在学校的硬件设施、环境建设方面，更体现在其内在的人文氛围方面。一个积极健康的校园文化，是学校持续、稳健发展的灵魂支柱和基本前提。

高校的校园文化，是长期教育实践的历史积累，既反映大学的办学理念，又蕴含对人的价值与生命意义的深切关怀。高校的校园文化通过价值观念和行为规范引导每位大学成员的行为，展现了高等教育机构独有的育人效能和气质特征，因此，高校校园文化应是直接反映大学精神的窗口。在实现教育目标的征程中，全面构建、系统丰富且底蕴深厚的校园文化，影响力不容小觑，对教育成效具有举足轻重的作用。

高校的发展离不开一流先进校园文化的建设，这是其内在需求。校园文化不仅是高校精神的集中体现，更是其形成、传承和再造的土壤。大学精神不是一蹴而就的，而是需要历史的沉淀、传承和不断创新。回顾高校的发展历程，每所成功的高校都深深植根于独特的大学精神中，而校园文化正是这一精神的重要载体。在健康向上的校园文化熏陶下，学生潜移默化地受到心灵的滋养、情操的陶冶和智慧的启迪，进而实现思想的统一、人心的凝聚、情绪的理顺和精神的振奋。因此，高校必须深刻认识到先进文化对学校发展的巨大推动作用，努力塑造和构建既独具特色又与时代发展相契合的校园文化，以促进学校的全面发展。

大学精神凝聚了高校长期发展过程中的优良传统，它不仅影响高校的教学活动和生活方式，更深深烙印在每个大学人的思维方式、心理状态、价值追求和行为规范中。作为一种高层次的文化形态，大学精神对高校的发展具有深远而持久的影响。它代表大学的价值取向，是大学设置与运行的灵魂和旗帜，是推动大学发展的内在动力。随着经济全球化和高教改革的深入，大学精神和大学理念的重建成为关注的焦点。面对未来，我们如何传承、弘扬和培育优秀的大学精神，构建符合 21 世纪要求的校园文化，激励师生为科学事

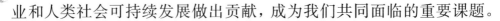

业和人类社会可持续发展做出贡献，成为我们共同面临的重要课题。

二、大学精神管理的重要手段

大学精神，被誉为"大学的灵魂"，而校园文化是这一灵魂的重要体现和核心载体。校园文化，不仅集中展现了高校学生的精神风貌，更是高校深厚文化底蕴的直观体现。高校，作为文化的摇篮，肩负着传承文化与创新文化的双重使命，同时也是文化价值的增值之地。由于每所高校在文化传承与创新的过程中都拥有独特的视角和方法，因此，在细微之处呈现出各自的文化差异。这些差异塑造了各校独特的学风、校风以及大学精神，而这些精神风貌又在学子身上得到体现，从而形成各具特色的校园文化。面对这样的校园文化，学生会理应承担传承和弘扬的使命。如何展示本校的校园文化特色，如何确保这种文化代代相传，已成为学生会不可推卸的责任。

优秀的校园文化是推动学校发展的核心动力，它渗透于学校的每项教育、教学管理活动中。在校园内，这种文化对师生员工产生了整合、导向、凝聚、规范和激励等多重作用，使高校的教育教学活动更加和谐有序，师生之间的关系更加紧密融洽。

校园文化一旦成形，就会成为一种非正式的，却强有力的行为规范，引导人们摒弃不当的行为习惯与短视的利益追求，转而形成共同的目标认同、荣辱与共的集体责任感及无私奉献的精神。它促进人际关系的和谐，增强组织间的协同，保障学校内涵发展的持续性。作为高校整体教育环境的关键要素，校园文化不可或缺。强化校园文化建设，不仅为素质教育奠定了坚实的物质基础，提升了学生的审美鉴赏力，还有助于培养学生良好的行为习惯，提高学生的道德水准，同时丰富校园生活，激发学生的创新思维与实践能力。这一过程本质上是推动学生全面成长与学校管理科学化、规范化的进程。通过构建校园文化形成的学校精神、校风、校训及规章制度，能有效指导师生行为，明确各自责任，提升管理效能。从某种意义上讲，高校校园文化建设是实现教育目标的强大助推器。

第二节　高校校园文化的社会辐射功能

校园文化的辐射效应，意味着在校园文化形成一定的稳固模式后，其影响力不仅局限于校园内，还会通过多种渠道对外辐射至社会各个层面。作为精神文化传播的中心，高等教育机构本身就构成了社会文化结构中的关键组成部分，因此，校园文化在层次与品质上超越了一般的大众文化。在与社会文化的交流互动中，高校形成了一种以自身为辐射源的文化磁场，这种"学校文化磁场"在对社会的辐射中展示出了独特且无可比拟的优势。其优势不仅体现在持续为周边社区乃至全社会输送大量高素质的文化人才，还体现在为本地乃至更广阔区域的文化建设提供了模式示范。校园文化通常处于区域社会文化的高端，其特有的思维方式、情感表达、行为模式及文化样式，对所在区域产生了深远而广泛的正面影响，展现了高等教育在社会文化发展中的引领作用。

一、高校校园文化是社会精神文明的一部分

高校校园文化是大学精神生动而具象的展现，是大学精神实质的具体体现。

以往，人们常常孤立地从校园本身解读校园文化，将其视为高校内部的独立事务。如今，随着社会开放程度不断加深，社会各系统间的界限已被打破，高校校园不再是封闭的存在，而是与社会整体体系紧密相连，特别是与周边社区的关系日益密切。

知识经济时代进一步从社会基本矛盾角度提升了高校的经济价值与文化价值，促使社会文明与校园文明相互依存、相互推动，校园文化也因此成为社会主义精神文明建设中不可或缺的一环。

校园文化是社会主义精神文明建设群众文化板块中的一个关键环节，对于培养跨世纪的高素质人才具有举足轻重的地位与作用。高校集知识整合、科研实践和综合素质培育于一体，是高层次人才培养的摇篮，而积极健康的校园文化为大学生的全面发展营造了必要的精神生态与文化氛围，以其深刻的影响力促进学生精神、心灵及人格的全面发展。

强化校园文化建设是推动社会主义精神文明建设的关键步骤。校园文化作为社会文化体系的主要成分，是社会主义精神文明的实质内容。高校作为精神文明建设的前沿阵地与展示窗口，加强其校园文化建设，不仅能为师生创造优质的学习、生活和工作环境，提升他们的道德情操及文明素养，激发他们积极进取的生活态度，还

能通过学校的社会辐射力、家庭示范作用，有效推动整个社会的精神文明进步。

二、高校校园文化对社会文化变革的价值

校园文化的影响力不仅限于高校内部，还能跨越校园边界，经由多种渠道向社会各界传播，发挥其示范与辐射的双重效用。优秀的校园文化实质上是高校的精神内核与灵魂所在，是衡量高校办学实力不可或缺的组成部分，对其他教育机构及社会团体具有显著的示范价值。当高水平、前瞻性的校园文化通过学生、教职工群体，以及科研成就、媒体宣传和多姿多彩的活动向外界传播时，它不仅引领并激发了社会先进文化的建设，还显著优化与调节了整个社会文化环境，发挥了积极的推动作用。

校园被视为社会文化殿堂，古老图书馆中积淀着厚重的传统智慧，而讲堂与研讨室内流动着最新的全球文化脉动。新与旧、激进与保守、传统与现代、国内与国际等各式文化在此交织碰撞，传承着人类文化的精粹加工术——批判、接纳、消化、创新……这里是东西方文化融合的独特学者的摇篮，也是负担最少、最具活力的青年学生家园。校园在一定程度上独立于社会，而其教育使命要求营造一个更纯净、更接近理想状态的文化环境。校园文化凭借精湛的技艺、理想的载体与饱满的热情，实践着社会对理想文化的追求。在这里，传统文化得以革新，外来文化被包容并本土化，社会主流文化则被超越和升华。诸如"团结一心，振兴中华""从我做起，

从当下做起"等时代强音，正是从这片热土上响起的。

校园文化在改变社会主流文化的过程中，主要通过两种途径发挥作用：一是学生群体直接参与社会文化活动，以及他们作为榜样发挥的示范效应；二是学生群体，尤其是大学生毕业后步入社会，其在校园内形成的文化习惯和行为模式会在一段时间内对社会主流文化产生渗透与影响。历史证明，富有远见的政治领袖擅长以社会主流文化引领校园文化的走向，并通过教育体系的革新，培养具有创新思维的下一代领导者，以此推动社会的整体变革。因此，我们应当从战略高度，从全面深化改革的视角出发，规划和指导校园文化的建设，使之成为推动社会主义精神文明建设的加速器与净化剂。

首先，校园文化是新思想的摇篮。校园会聚了社会中多数思想精英与人文社科研究者，他们对新信息接收迅速，思考问题时展现出较高的理论化与专业化水平。他们存在的意义在于担当社会的良知与智囊，负有为社会进行宏观、长远及深层次思考的责任，扮演着诊断社会问题、规划社会发展路径、探索社会前进方向的角色。在吸收外来先进理念与自主创新方面，校园文化展现出明显的先驱性、引领性、前瞻性。

其次，校园是新科学、新知识的重要发祥地。校园的核心任务在于探索与传播这些新知，而这些新知的传播绝不仅限于校园内部。一方面，校园吸引社会各界人才前来学习进修；另一方面，学者常走出校园，将新科学、新知识普及到社会各界，使之深入千家万户，扮演着启智者与传播火种者的角色。他们不仅是大学生的导师，也是整个社会的导师，理应站在时代发展的前沿。

三、高校校园文化是社会精神产品的生产源

大学之所以能持续引领时代潮流，是因为其源源不断的创造力，而这种创造力又得益于校园内兼容并蓄、百花齐放的学术氛围，这样的环境促进了思想的碰撞与交流，有利于营造和谐的精神生态，进而催生高质量的精神文化成果。

作为学术的高地，大学通过创造精神产品巩固了其在科技进步史上的重要地位。这些精神产品的产出，为大学教育注入了鲜活的知识血液，确保了对大学生教育内容的持续更新与丰富。尤为重要的是，精神产品的创新直接惠及社会，是对社会发展的直接贡献与反馈。

教育是一项前瞻未来的伟大事业，在高校中的体现尤为显著——这里不仅是孕育社会所需各领域高端专业人才的摇篮，也是推动科学文化进步、构筑精神文明的重要阵地。当前的校园文化现状中，虽然难以避免地掺杂社会某些低俗、落后现象的映射，但综观全局，校园文化的导向选择在科学知识、思想理念、道德观念、审美情趣乃至日常生活方式等层面，皆在很大程度上倾向于吸纳、传递与促进那些积极向上、高雅文明的元素，更致力于彰显和弘扬社会光明、正向的价值观。即便社会文化本身包容多元，区分高雅与通俗，校园文化也明确展现出对高雅文化的偏爱，彰显出独特的

前瞻性和先进性。

校园文化在传统文化的创新与迭代中扮演着引领者角色，它将东西方文化置于校园这一平台上交汇碰撞，催生出新颖的思想观念。这一过程不仅潜移默化地塑造着大学生的思想观念、心理素质及行为模式，逐渐内化为他们文化心理结构中的鲜明印记，而且随着这些学生成为社会成员，他们携带的新文化观念将进一步渗透至民族心理与精神层面，产生深远影响。同时，校园内涌现的新思潮、新观念通过多种途径向社会扩散，深入民族文化的核心，对传统文化发起挑战，驱动民族文化在碰撞中实现自我更新与重生。因此，高校应承担引导之责，精心筛选并传承民族文化与民族精神的精华，同时汲取西方文明的有益成分，通过创造性融合人类的理性与人文精神，培育出既崇尚科学理性又尊重民主价值的校园文化精神。这样的校园精神，能够激励师生团结协作、积极向上，塑造充满活力与正能量的集体风貌，这正是高校持续发展的根本与魅力所在。

第三节　高校校园文化的育人功能

在现代高等教育体系中，以价值观为灵魂的校园文化是不可或缺的组成部分，它如同一股隐形而强大的内在驱动力，为学校发展带来非凡的影响。高校校园文化的本质在于其育人的核心功能，即通过文化建设培养人才是其首要目标。如同其他文化形态，校园文化承载着指引方向、激发潜能、规范行为、协调适应及增强凝聚力等职能，共同促进学生的全面发展与人格塑造。

一、高校校园文化对师生的导向功能

高校校园文化的导向特性，体现在其利用多样化的文化元素协同作用，引导高校校园整体氛围及其中个体的价值观念与行为模式，确保与高校既定目标相契合。这一引导力量源于高校校园文化构建起一套完整的价值观体系与行为规范框架。由于个人观念、思维及行动深受周围文化背景的形塑，当学生或教职工的个人追求与高校校园文化的核心价值发生冲突时，高校校园文化的深厚底蕴会逐步引导他们调整，于无形中接纳并内化共有的价值观念，最终促使个人目标与学校愿景达成和谐一致。

正如古籍《毛诗序》所言，"风以动之，教以化之"，强调诗歌通过潜移默化的方式对人施以教化。同样，一个积极健康的校园文化也如春风化雨，悄无声息地熏陶着每个人，起到"以文化人"的积极作用。

校园文化的形成与发展，既受到高校教育理念及个体主观能动性的深刻影响，也响应着社会经济、政治、文化的广泛需求。内部教育理念与个体行为是高校校园文化演进的内在驱动力，而外部社会环境则构成了外部条件。在此背景下，校园文化可分为两类：一类是基于内部主动变革的自觉型文化，其发展以内因为主；另一类是被动适应的自在型文化更多依赖外部影响进行调整。自觉与自在两种因素在校园文化中的相互作用，共同推动了其动态发展。例如，市场经济的持续扩张带来了诸如强化主体意识、竞争意识、法治观念及效率意识等时代新要求，这些正面的社会诉求对校园群体产生了正面激励。然而，市场经济伴生的一些负面价值取向及道德滑坡现象也不可避免地渗透进校园，对校园人的价值判断和道德标准构成挑战。面对这样的双重影响，高校校园文化若缺乏明确的自我导向和积极的发展愿景，任其处于一种无意识的自在状态，则很可能导致高校校园文化的健康性受损。

实际上，高校校园文化的导向作用，是经由多种具体的文化表现形式实现的。从物质设施布局到文化活动组织，从集体规则制定到人际交往模式，乃至个人仪态风范与教室环境布置，每处细节都为校园人提供了一个直观的行为参照框架，并蕴含特定的价值导向信息。这些元素共同作用，促使校园人在日常生活中自然吸收并遵循那些被广泛认可或校方倡导的价值观念与行为规范，从而在潜移默化中促进校园文化的正向引导作用。

二、高校校园文化对师生的激励功能

校园文化的激励功能，体现在它能激发大学生内心的积极性，催生高昂的情绪和不懈的奋斗意志，进而形成一种深沉的责任感与持久的动力源泉，成为指引学生自我鼓舞和前进的方向标。通常，激励效果来源于三大方面——物质鼓励、精神鼓舞及竞争激励，而在校园文化背景下，对学生影响最显著的是精神层面的激励。

高校校园文化的核心在于围绕高校的发展目标，塑造并坚守共同的价值观和办学理念。这种共同的价值观和理念，不仅营造了一种独特的校园文化氛围，而且让每位校园成员深刻感受到自身行为对学校的重要性，从而形成一种自我激励的机制。在这个机制中，动机被激发，引导行为向目标前进。而激励的本质是满足人们，特别是高层次的需求，往往需要通过自我激励实现。高校校园文化作为这种自我激励机制的载体，确保每个成员的进步和贡献都能得到应有的奖赏与认可。这不仅激发了学生为成为社会所需人才而刻苦学习、不断进取的热情，也激励了教职员工为实现自身价值和学校发展而乐于奉献、勇于牺牲的精神。高校校园文化还为大学生提供了一个充满积极心理氛围和良好人际环境的学习与生活空间，满足了大学生各种精神需求。同时，为校园人提供了文化享受和文化创造的平台，以及丰富的文化活动背景和必要的设施、模式与规范，使大学生的兴趣、理想与信念在这里得到实现和升华。在这种文化氛围的熏陶下，高校成员被激发出积极的行为机制。高校校园文化以其独特的激励优势，满足了校园人多层次、多样化的需求，通过校园精神的调节，使不合理的需求趋向合理，推动个体积极向上，进而形成学校的整体活力和奋发向上的力量。这种力量使学生能够自我激励，形成一种竞相追逐、互相激励的环境，从而产生持久的驱动力，推动学校和个人不断向前发展。

　　校园文化建设的激励功能，是学校工作全方位渗透的重要力量。在推进这一过程中，师生员工的需求构成了其核心动力，他们渴望拥有美丽、整洁、舒适的校园环境，追求健康、丰富的精神文化生活，向往优良的校风、教风和学风，以及能够展现个人才能、特长的条件。然而，要使这些需求得到满足，并达到最理想的效果，必须依托明确的目标要求和持续的文化建设过程。学校应积极开展各类文化活动，以强化师生员工参与校园文化建设的内在动机，并具体导入校园文化建设的目标。这些活动旨在激发学生在共同努力下，将内心的渴望转化为实际的成果，让美好的愿景变为现实。值得注意的是，这种激励功能并非仅仅为了调动学生的积极性或强化他们实现目标的意识，更重要的是，它承载着培养合格人才的重要使命。通过激励，我们能够培养学生的集体主义观念和高尚的人格品质，鼓励他们相互学习、相互帮助，共同追求进步。

三、校园文化对师生的约束功能

校园文化的约束功能，在于其能够潜移默化地影响并规范每个校园人的思想、心理和行为。这种约束并非通过直接的强制手段实现，而是通过精心营造的思想、道德和行为氛围，间接地、柔性地影响学生的价值观、道德观和行为心理。在常态下，群体意识、社会舆论、共同的风俗和风尚等精神文化元素，会对学生个体产生强大的心理压力和动力，引发他们内心的共鸣，促使他们控制自我行为，从而与学校的整体要求保持一致。校园文化的约束功能主要源自其制度文化和行为文化层面。学校的各项规章制度，就像一只"看得见的手"，从外部规范着学生的行为。而校园文化观念，则如一只"看不见的手"，在学生内心深处形成一种心理定式，构建一种响应机制，从内部调控学生的行为。从制度的外在规范到校园文化的内在调控，是制度价值意义内化的结果。它为学生提供了一个内在的尺度，用于评定自己的品质、行为和人格，并用这个尺度规范自己的行为，使之符合群体的规范。这种内在调控极大地增强了学校规章制度的约束效果，使校园文化成为塑造学生行为的重要力量。

四、校园文化对师生的调适功能

校园文化的调适功能，主要体现为其在校园内部营造一种情感共鸣、关系和谐的校园环境。它致力于消除不公正现象，提升全校成员自我反省的能力，从而构建和谐的人际关系；同时，它重视满足学生在情感和价值实现上的需求。校园文化旨在打破人际间与群体间的隔阂，通过共同的目标和价值认同统一全校学生的行动，以情感纽带为基础，协调人际关系，实现其协调功能。进一步说，校园文化通过创造一种统一的精神氛围和融洽的文化环境，形成一种无形的"软性约束机制"。这种机制旨在消除人们心理上的障碍和行为上的摩擦，减少内耗，协调人际关系，从而使个体的潜能得到更深入的发掘和发挥。例如，融入校园文化精髓的校规校训、校风校貌、校内人际关系和道德风尚等，对校园内每个成员的思想和行为产生约束作用。这种约束并非来自外部的强制，而是源自内心的自我管理和自我约束，它通过成员的自我反省和内疚自责引导其行为的改变，进而实现不良行为的纠正。

高校校园文化的调适功能在多个层面展现出独特作用。首先，它促进师生个体行为的相互配合，以追求最佳的工作和学习效果。其次，它在校园内部实现局部工作的协调，即各部门间的相互支持与协作。最后，它实现的是精神层面的高度协调与认同，使师生互为精神支柱。这种高度协调和认同不仅体现在信仰上的相互理解、追求上的默契，还表现在人格上的相互认可、品德上的相互尊敬、情感上的和谐融洽、价值观的基本一致，以及行为上的相互信任。

高校校园文化的调适功能，在处理人际关系冲突，特别是思想冲突时，尤为突出。对于教师来说，一个优质的校园文化环境能够极大地促进教师之间精神上的相互认同，使彼此成为对方的精神支柱。在校园精神文化的熏陶下，教师在信仰上达成理解，在追求上实现默契，在人格上获得认同，在品德上相互尊重，在情感上变得融洽，在理念上追求共识，在行为上建立信任，从而共同构建和谐的人际关系网络。在这样的关系中，教师个体无论成功还是失败，都能保持一颗平常心，不为财富动摇，不为贫贱屈服，始终坚守真实的生活态度和人生观念。同时，这样的关系网络能促使教师群体的价值观得到整合，发展目标趋向一致，进一步弘扬团队精神。对于学生来说，一个健康向上的精神文化环境具有深远的意义。它能帮助学生消除思想上的障碍，化解不良情绪，缓解心理压力。在这样的文化氛围中，学生能更加客观地审视自我，愉悦身心，勇敢面对困难，增强自信心，提高自我调节能力，从而激发出更加奋发向上的动力。

高等学校作为社会生活的缩影，汇聚了各式各样的社会思潮，各种思想倾向在这里交织碰撞。此外，在校园内部，物质利益的分配、管理体制的创新以及人才培养的实践过程，同样会引发思想的冲突与交融。然而，冲突并非全都是负面的，倘若能妥善调适，反而能催生新的思想火花，激发新的工作活力。调适冲突，旨在实现高校校园人群体的整体目标和谐统一。良好的校园文化及其运作机制，是师生情感宣泄的出口、思想交流的平台、认识调整的桥梁。它们能潜移默化地修正人们的认识偏差，帮助人们更加深刻地理解真实的生活和人生。同时，良好的校园文化能引导学生群体价值观进行整合，使个体与群体在发展目标上达成一致，形成对学校的热爱与建设的共同目标。这种文化环境，不仅为缓和冲突、化解矛盾、理顺关系提供了软性的环境和机制，而且为解决冲突提供了理想的途径。

五、校园文化对师生的凝聚功能

校园文化的凝聚功能，源自其核心价值观——学校精神在师生中的广泛认同。当这种精神被共同认可后，它便在校园内引发强烈的认同感和归属感，使每个人的信念、情感和行为都与学校的目标紧密相连，进而形成一种稳固的文化氛围。这种氛围汇聚成一股合力，引领整个校园向着共同的目标迈进，展现出巨大的向心力和凝聚力。

凝聚力，作为一种精神动力，对高校来说至关重要。它不仅是高校综合实力的体现，而且是战胜挑战、推动发展的重要保障。这种凝聚力的形成，离不开师生员工的共同努力。校园文化蕴含的独特学校精神，正是经过全校师生的共同认同和培育，才形成并展现出强大的凝聚力量。这种凝聚力量在校园中发挥着多方面的作用。首先，它巩固了现有师生之间的团结，让每个人都深感自己是学校大家庭中不可或缺的一员。其次，对于新加入的师生来说，校园文化发挥着转化和融合的功能。新成员在这种文化的熏陶下，逐渐融入学校的整体氛围，成为校园文化的继承者和传递者。他们通过耳濡目染，潜移默化地接受并践行学校的价值观，为学校的发展贡献自己的力量。

当学校内部的人际关系融洽、和谐，并充满进取精神时，师生员工的个人发展追求与兴趣爱好若能与学校精神融为一体，就会激发出巨大的凝聚力。这种凝聚力不仅使师生员工对学校传统和作风产生深度认同，而且能让他们明确自己在学校发展中承担的责任与使命，从而培养对学校精神的强烈归属感和责任心，使他们愿意与学校共同前行，荣辱与共。为实现这一目标，学校应精心策划、有序组织各类校园文化活动，确保活动符合师生员工的喜好，以激发他们的兴趣和参与热情。通过这些活动，师生员工能够充分发挥自己的才智和积极性，进一步将个人发展要求、兴趣爱好与学校精神紧密结合，形成共同的价值观和行为准则。底蕴深厚、健康向上、丰富多彩的校园文化，能够激发大学生的兴趣爱好和青春活力，专注于完善人格、完成学业和提高综合素质。这不仅能抵御不良文化的影响，减少不良行为的发生，还能为学校的稳定与发展注入强大动力。在这样的文化氛围下，学校工作将展现出巨大的向心力和凝聚力；校园文化也将升华为一种催人奋进、鼓舞人心的学校精神，成为推动师生员工不断前行的强大动力。

第五章 高校校园文化建设的实现路径

第一节 高校校园文化建设的目标和原则

在日新月异的现代社会中，大学被尊崇为人类社会发展的"引擎"。它不仅承载着知识的保存、传授、传播与应用，还扮演着创新者的角色，推动文明的传承与进步。人才的发掘与培育、科学的发展与技术的更新，乃至社会的文明与理智，都离不开大学作为坚实后盾的支撑。而大学更是不同文化间交流与沟通的桥梁，为世界的多元化发展贡献力量。作为社会主义精神文明建设的重要基地，大学在某种程度上扮演着社会思想和文化的核心角色。大学教育传播和创造的文化科学知识，不仅引领着大学文化建设的方向，更在推动社会文化的改造与革新中发挥着不可替代的作用。因此，大学校园文化建设被赋予了新的历史使命，被提升到了前所未有的高度。

一、重要地位

若高等教育忽视文化的重要性，对校园文化建设缺乏关注，这所高校就难以获得持续稳健的发展。事实上，一流的，尤其是那些历史积淀深厚的高校，往往都在有意无意地培育一种独特的文化生活。高校校园文化建设的重要性不言而喻，其地位主要体现在以下三个方面。

首先，高校校园文化建设深刻体现了中国先进文化的发展方向。作为社会主义精神文明建设的重要支柱，高校校园文化以其独特的亚文化形态，承载着社会文化的精髓和特色。它既是社会文化的晴雨表，又是文化创新的摇篮，通过培育先进文化成果和输送高素质人才，引领社会文化的进步潮流，成为社会文化中的佼佼者。同时，高校在文化传承与创新中扮演着至关重要的角色，凭借强大的教学科研实力，为先进文化的发展提供了坚实的条件支撑和广阔的发展空间。因此，在新时代，高校不断加强校园文化建设，就是紧密跟随并引领先进文化的发展步伐。

其次，构建现代一流高校，不仅对高校设施与师资有要求，更需要先进的校园文化作为支撑。这种文化不仅是大学发展的客观需求，也是促进学生全面成长的必由之路。现代大学的多种特性，如学术深度、教育使命、开放思维、综合能力和自主创新，都深深植根于校园文化中，并通过教师的教学与学生的学习方式得以显现。缺乏先进校园文化的培育，就无法孕育出真正的一流高校，因为这样的高校失去了持续进步和壮大的内在驱动力。在当今全球化、信息化的社会变革背景下，学生面临的文化选择日趋多样。因此，我们必须按照先进文化的标准，主动出击，提供正面的引导，努力推进校园文化建设，创造一种既能鼓舞人心又能满足学生特性、贴合学生需求的文化氛围。这无疑成为提升学生综合素养的关键路径。

最后，构建和谐校园文化对于打造和谐校园环境起着基石般的作用。高校学生联结着千家万户的期望，他们的成长时刻牵动家长的心，也受到社会的广泛关注，这对于维护社会的和谐稳定至关重要。因此，构建和谐校园不仅关乎教育，而且是构建和谐社会的重要一环。要实现这一目标，离不开和谐校园文化的同步建设。这种文化的核心目的在于，培养全面发展的人才，使德育、智育、美育和体育在教育过程中能够相互融合，共同作用于学生的成长，形成一个和谐统一的教育体系。和谐校园文化在潜移默化中影响着大学生的思想观念、价值取向和行为模式，具有深远的育人意义。同时，和谐校园文化倡导的尊重劳动、尊重知识、尊重人才和尊重创造的氛围，以及和谐的人际关系，为构建和谐校园注入了强大的精神动力。

二、基本目标

关于大学校园文化，我们首先需要明确其应当追求的终极目标以及确定的发展走向，这不仅是校园文化建设的核心问题，更关乎高校教育的本质。因为，校园文化建设的目标和方向直接映射出高

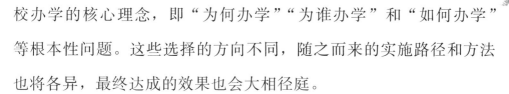

校办学的核心理念，即"为何办学""为谁办学"和"如何办学"等根本性问题。这些选择的方向不同，随之而来的实施路径和方法也将各异，最终达成的效果也会大相径庭。

大学的根本任务与使命在于人才培养，而校园文化建设的核心和归宿同样聚焦于育人。具体来说，就是要培养具备高尚品德和全面能力的社会主义建设者和接班人，特别是富有创新意识、创新精神以及创新能力的杰出人才。这构成了校园文化建设的根本目的。从这个角度来看，校园文化的创新如同为树木提供生长所需的空气、阳光、水分和养分，为培养高素质创新人才营造良好的环境和土壤，使他们能够茁壮成长，成为国家的栋梁之材。

为了实现这一目标，我们需要通过校园文化创新强化其育人功能，包括教化、熏陶、示范、规范和激励等方面，以构建有利于人才成长的机制，营造出校园内人才辈出、成果丰硕的良好氛围。同时，我们应将培养创新人才的成效作为校园文化创新的重要评价标准，推动校园文化进一步形成以培养人才为核心的创新机制，全面提升学校人才培养的质量和水平。

三、需要遵循的原则

高校校园文化建设的根本原则，植根于其发展方向与核心宗旨，同时受到内在发展规律的限定，它们构成了校园文化建设实践中的指导思想基石、宗旨导向、依托力量及实施路径等方面不可偏离的基本准则与评判标准。

确保校园文化建设遵循正确的原则，既是引导其健康发展、保持正确方向性的关键前提，也是实现文化建设高效能与积极成果的坚实保障。

（一）方向性原则

高校校园文化作为社会主义文化体系的关键组成部分，政治属性显著，需紧密贴合国家发展的主流脉络，并与教育改革的导向相协调。因此，校园文化的构建务必坚守正确的政治导向，这是确保其先进性、高品质及高尚格调的基础。换言之，唯有立足于马克思主义先进理论的指导，校园文化的建设才能保持领先，确保文化创新活动沿着正确的道路前行，引领社会文化的前进步伐，并准确掌握和有效运用校园文化创新的规律及策略。这样的文化将在不断创新中成长，在成长中持续创新，不断开创崭新的局面，收获新的成就。

在确保正确的思想引领下，秉承"百花齐放，百家争鸣"的原则。校园文化应当积极汲取全人类文明与精神财富的精华，坚决摒弃落后与腐朽的糟粕，确保文化发展方向的准确性，及其充满生机与活力的健康态貌。尤其值得注意的是，我国尚处于社会主义初级阶段，经济多元化及利益多样性直接映射到文化的多元性上；加之不同高校价值观念、文化底蕴、知识架构及发展目标不一，进一步增强了校园文化的多样性特征。面对如此复杂、多元的背景，我们在指导思想上必须立场坚定，毫不动摇，坚决维护马克思主义在校园文化创新中的核心指导地位，持续巩固师生的社会主义信念，携手为中华民族的伟大复兴孕育更加繁荣昌盛的文化果实。

（二）主体性原则

高校的师生群体构成了校园文化创建与革新的中坚力量和依托。如果他们缺乏积极性、创新意识，无法充分释放主观能动性，校园文化的诞生、演进与繁荣就无从谈起。作为知识的拥有者与思想的先锋，他们勇于探索，对此，激发并调动他们投身校园文化建设的积极性、主动性及创新思维，对于推动校园文化达到新的高度至关重要。

要激励师生的积极性，核心在于重视并强化他们在这一进程中扮演的主导角色，同时珍视每个人的个性与多样性，激励他们勇于突出自我，展现个性，在校园文化的广阔平台上自由挥洒才华。对他们的原创精神给予认可与鼓励，有效转化不利条件为有利条件，让被动转为主动，全面焕发其潜能、主动性和创新精神。唯有如此，才能深刻体现校园文化建设的核心价值，达成其终极追求，营造一个充满激情、活力四射的校园生态，共同铸就光彩夺目的文化硕果。

（三）传承与借鉴原则

中国著名学者竺可桢有言："大学理应是社会的灯塔，不可随世俗浮沉。"强调大学不仅要成为中华优秀传统文化的传承者，而且要勇担探索与创新的使命，积极汲取世界各国文化的精华，营造兼具时代特质的校园文化氛围。

文化的传承性是其本质特征之一,但这种传承不是无选择地全盘接受,而是基于批判性原则继承。马克思曾精辟指出:"人们在创造自己的历史,但这并非任意妄为,也不是在理想条件下进行,而是在既有的、从历史继承下来的实际环境中进行。"于高校来说,传承文化是其核心职责之一,这种传承特性,恰是高校校园文化作为先进文化的具体体现。任何进步的文化都不能,也不应割裂与优秀传统文化的联系,否则就如同无根之木、无源之水,丧失了根基与生命力。因此,博大精深的中华优秀传统文化,构成了大学校园文化建设的深厚基石与肥沃土壤,校园文化的构建需要深深扎根于此,深入挖掘并充分利用其中的宝贵价值资源,积极予以承继与弘扬。

高校校园文化的形成历经了漫长岁月的积淀、凝练与创新发展,随着时代的演进、社会的跃进与学校自身的发展,不断拓展、深化与丰富。作为开放的系统,高校校园文化的发展在传承中华优秀传统文化的同时,也需要开阔视野,主动学习并借鉴全人类文明的精华,包括西方的优秀文明成果,以实现文化的交融互鉴与创新发展。

(四)服务性原则

高校校园文化的营造紧扣学校的工作重心,旨在服务学校整体发展的战略需求。在当代教育的演进中,校园文化的影响力越发凸显,它不仅强化了学校的凝聚力与向心力,还促进了校内各方力量与资源的有效整合,更在正确引导和妥善解决各类矛盾冲突中发挥了关键作用，对学校的成长与管理具有无可比拟的正面价值。因此，构建高校校园文化的终极愿景，是力求使文化构建与学校的改革进步步伐协调一致，共同促进人才培养目标的圆满实现。

第二节 高校校园文化建设的机制构建

"机制"一词起源于古希腊语，本义关乎机械的结构与运作原理。时至今日，它被广泛用于描述工作体系中各部分的相互作用模式及过程。自 1991 年"机制"概念被首次引入高校校园文化研究范畴后，有关校园文化机制构建的研究虽取得了初步成绩，但仍面临整体研究深度不足的问题。校园文化的建设是一项涵盖广泛、参与主体众多的复杂系统工程，要想确保这一庞大体系高效且稳健地运行，建立一套科学合理的运作机制尤为重要。唯有构建起这样的机制，校园文化的建设才能步入良性循环，实现可持续发展，在引导师生行为、规范管理，以及推动学校整体发展等方面的效能充分显现。概括而言，一个健全的校园文化建设机制应涵盖科学的人力资源管理机制、高效的沟通协调机制、积极的激励促进机制，以及完备的支持保障机制等关键环节。

一、管理机制

校园文化的建设是一项全方位的任务，要求有强有力的领导支持、科学合理的管理体系，以及全员的积极参与和协同努力，只有这样才能有效推动校园文化建设迈上新台阶。

（一）加强领导，完善校园文化建设组织机制

构建高效的校园文化运行机制，核心在于有一个强有力领导团队的支撑。这需要确立一种模式，即在学校党委的统一领导下，实现党政共同负责，各职能部门与单位协同合作的组织领导架构。具体实施步骤如下。

首先，组建以校级党政"一把手"挂帅的校园文化建设领导小组，小组构成涵盖校、院两级党政主要负责人、分管领导及相关职能机构的负责人。这一领导小组的重任在于，宏观设计校园文化蓝图，进行全面战略规划，明确校园文化建设的总体目标、任务及标准，制订详细的实施计划，并对整个建设过程进行指导、监控及评估。

其次，各学院系部应设立以本级党政主要负责人为首的校园文化建设工作小组，组员囊括学院系部的党政领导班子、相关部门负责人、辅导员及学生骨干等，负责具体执行与推动校园文化建设的各项活动。同时，各院系工作小组需要保持与学校领导小组的紧密沟通，定期报告文化建设的需求变动、进展状况及实施成效，确保上下联动，信息畅通无阻。

再次，宣传部、学生工作部、工会等关键职能机构应成为推进校园文化建设的主力军。他们既要依据校园文化建设的实际需求，科学合理地规划并举办全校性质的文化建设项目和活动，发挥模范带头作用，为校园文化的导向与发展树立标杆；又要对各学院系部的文化建设活动进行宣传、推广与指导，确保学校文化建设方案得

到有效贯彻、监督和执行。

最后，财务、基建、后勤及安保等部门需要作为支持与辅助力量，为校园文化建设提供必要的保障，确保各项文化建设工作顺畅进行。

通过建立健全组织机制，加强对校园文化建设的领导，可以确保文化建设工作得到有效实施。重要的是要认识到，校园文化建设非一日之功，而是一个长期且持续的过程，对师生的影响是悄然发生的，因此必须警惕急功近利的心态，保持沉稳与耐心。学校党政领导，尤其是党政"一把手"，需要对校园文化建设给予高度重视，亲自参与重大决策，主动跟踪文化建设的最新进展与热点问题，切实解决文化建设过程中遇到的各种难题，加大对文化建设的投入力度，推动校园文化建设稳步向前，取得实效。

（二）提高认识，优化全校师生员工参与机制

校园文化的建设是一项综合性强的系统工程，与学校的各项事务紧密相连，直接关系到每位师生的切身福祉。优秀的校园文化能孕育良好的学习风气、教学氛围及校园环境，为师生的学习、工作与生活创造更有利的条件，有力促进他们的个人成长与成才之路。因此，校园文化建设不是少数部门的任务，而是全校师生员工共同的责任，它呼唤每个人的热情参与、通力合作，携手共建一个健康、卓越的学习、工作及生活环境，让校园成为滋养心灵、促进发展的沃土。

动员全校师生员工共同投身校园文化建设。首先，从思想认知上着手提升，确保每位师生员工都能深刻理解校园文化建设的至关重要性，意识到个人的言行举止均与校园文化构建休戚相关。特别是，对于教学与科研一线的教师，需要明确校园文化建设不仅限于学生的课余活动，应更深层次地融入教学实践、科研探索，体现在教师的内在修养与外在风范，以及他们培养学生的思想品德与综合素养上。其次，在推动校园文化建设的实践中，应创设条件、搭建平台，为师生的广泛参与创造充分的可能性。在文化活动设计上，应兼顾普及性与特色性，既有适合大众学生参与的普遍活动，也不乏针对特长生的特色项目；既有轻松愉快的文体娱乐，也有严肃认真的学术研讨，让校园成为青春活力的释放地，创新思维的碰撞场，为师生提供展示才华、彰显个性的广阔舞台。最后，学校需出台相应政策，为师生参与文化建设提供坚实的保障，对积极参与校园文化建设的师生给予实质性的支持和表彰，激励教师将教学科研活动与文化建设有机结合，主动贡献于校园文化的发展与繁荣。

重视第二课堂的构建，并将师生在第二课堂上的表现与他们的学业、工作评价挂钩，充分激发师生参与校园文化建设的积极性。

一个浓厚且深具底蕴的校园文化，是全体师生共同努力和广泛参与的结晶，同时，优质的校园文化又能极大地促进师生的学习与工作，两者相互依存，互为促进。鉴于此，每位师生应深刻理解自己在校园文化建设中扮演的角色及承担的责任，主动担当，积极为校园文化的繁荣发展做贡献。

（三）统筹协调，不断提高管理的科学化水平

鉴于校园文化建设的长期性特点，需要将文化建设的总体目标和任务科学细致地解构，随后将这些细分目标与任务分配至各级组织单位，清晰界定各自的职责权限，确保层层压实责任，并建立健全领导负责制度与目标管理制度，形成一套量化评价标准体系。依据预设的考核指标，定期执行严格的评估流程，确保校园文化建设的各项目标与任务得到有效实施和高质量完成。当然，目标与任务的分解配置必须基于充分的前期调研，充分考量承担单位的实际情况与特色，如将艺术教育与活动的发展任务交给艺术类学院，将校园景观美化与设计的职责赋予宣传、建筑及设计相关部门，以此实现任务与资源的最佳匹配。

学校在规划校园文化建设时，需要全面统筹资源的配置工作，依据既定目标与任务，合理分配人力资源、资金及物资等关键资源。值得注意的是，资源的初次分配仅仅是开始，后续还应建立一套科学的资源管理体系，密切监督与追踪资源使用情况，对未被有效利用的资源及时进行回收、调整，对短缺资源进行评估并适时补充，同时，对资源浪费的行为给予批评与惩处。通过这些严格的管理举措，确保资源得到最大化利用，杜绝浪费，为校园文化建设活动的顺利推进提供坚实保障。

校园文化建设是一个系统工程，涵盖宏观与微观、重点与细节、先期启动与后续跟进等多维度，因此，应对校园文化的各个组成部分、活动项目及具体实施采取灵活多样的管理策略。总体来看，对

于那些全局性、影响深远的校园文化建设项目，校园文化建设领导小组应发挥核心引领作用，统一规划、统一指挥，并强化质量监管，采取过程管理和目标管理相融合的模式，明确每个环节的责任与权利，以确保建设工作的实际成效，诸如校园环境的整体规划与人文景观的优化升级等。相比之下，对于那些侧重于基层单位开展的局部性文化建设项目，应放手让实施单位自主操作，激发其创新活力，使校园文化活动在全校范围呈现出丰富多彩、各具特色的繁荣景象，如各学院自行策划的科技节、文化节、艺术节等活动。当然，在赋予基层单位自主权并提供必要资源支持的同时，校园文化建设领导小组应加强目标导向管理，定期对活动效果进行评估反馈，确保基层的文化建设工作独立绽放光彩，与全校文化建设的大局相协调，共同推动校园文化建设事业蓬勃向前。

二、协调机制

面对校园文化建设的复杂性，为了妥善协调校园文化与社会文化发展趋势之间的关系，以及校园文化建设内部诸多方面的平衡，高校应强化内外部各种因素的协同作业，确保校园文化建设不仅与学校自身的发展愿景步调一致，也能与社会整体的文化发展进程相辅相成，和谐共生。

（一）校园文化建设与社会文化发展相协调

在探讨校园文化与社会文化的关系时，我们需要认识到社会文化是主导文化、大环境文化，而校园文化则是其下的分支文化，两者既相互关联又各有特色。一方面，校园文化与社会文化有着明显的界限。从覆盖面来看，校园文化主要局限在校园内部，是社会文化某一特定区域的体现，相比之下，社会文化则广泛分布于社会的各个角落；从创造者和受益者的角度来看，校园文化主要由师生共创共享，而社会文化的主体和受众则是广泛的民众；从内容层面来看，校园文化聚焦教学、科研、管理等领域，而社会文化则涵盖社会生活的方方面面，体现为多样化的社会实践。另一方面，校园文化与社会文化之间存在互动与制约的关系。尽管校园文化形成了一个相对独立的系统，但并非封闭孤立的，它在动态发展过程中保持开放，社会文化作为其重要源头，对校园文化的形成与发展具有深远影响，直接或间接地塑造高校的教育理念与办学方针。同时，校园文化对外输出正面影响，对社会文化起着辐射和促进作用，甚至可以视为社会文化的风向标，为社会文化的持续演进提供动力。校园文化对社会文化的正面贡献，主要通过培养具有独特品质和精神风貌的人才，以及营造高校特有文化氛围的实现，这些从根本上促进了社会文化的进步与发展。

显然，校园文化的建设无法脱离社会文化这一宏观背景而孤立进行，否则就如同无源之水、无根之木，失去生存的土壤。校园文化应当紧随社会文化发展的步伐，与其相互协调，并在不断变化与发展中求新求变，以创新的姿态与行动向前推进。同时，鉴于校园文化与社会文化之间的差异性，校园文化若要保持其蓬勃的生命力，就必须紧扣学校教育与人才培养的核心使命，立足校园实际情况，坚守自身的独特性，打造出特色鲜明的校园文化。缺乏个性的校园文化容易与社会文化混淆，不利于校园文化的长远发展与持续繁荣。

（二）校园文化建设与学校整体发展相协调

高等学府的全面发展覆盖了教学、科研、技术服务、党的建设、校园文化、人才队伍建设、国际化交流及后勤服务等诸多领域，其中，校园文化是不可或缺的一环。校园文化的构建与学校的其他各项活动紧密相连，因此，将校园文化与学校的其他工作有机融合是至关重要的，能确保校园文化的建设目标和任务与学校总体发展战略相契合，协同并进，共谋发展。

首先，校园文化建设应纳入学校整体发展规划的宏观布局，在制订中长期及年度计划时，充分重视校园文化的比重，给予其恰当定位，并依据高校的总体蓝图与目标，为校园文化建设明确具体的目标与任务，确保其与高校总体发展步伐协调一致，形成合力。

其次，建立校园文化与教学、科研、社会服务等业务的互动联结机制，促进人力、信息、硬件资源的跨领域流通与共享，拓宽校园文化建设的实施范围与形式。例如，鼓励专业教师参与学生社团活动，依托科研项目开展科技竞赛，借力社会服务项目建立学生实践教育基地，以此动员全校各部门共同参与校园文化建设。

最后，围绕高校校园文化中社会主义核心价值观教育的主线，强化融入机制，明确全校教职工在思想政治教育中的角色与责任，将思想教育贯穿教育教学实践的始终。着重将社会主义核心价值体系融入教学、科研、日常工作及生活的各个角落，实现课堂教育、实践教育、环境熏陶和活动引导的有机结合，让学生在不知不觉中接受社会主义核心价值观的熏陶，让其内化为思想认同，外化为实际行动。

三、激励机制

一个高效的激励机制对于激发人的积极性与创造力至关重要，而校园文化的构建是一个需要全校师生广泛参与的综合性工程。因此，构建强有力且有效的激励机制，对于吸引师生积极参与校园文化建设是必不可少的。该激励机制的设计应基于对师生心理活动的深入理解，切实把握他们的内在需求，同时确保校园文化建设的目标与社会主义核心价值观的培育目标相吻合，最大限度地调动师生参与校园文化建设的积极性与内在动力。

（一）物质激励与精神激励相结合

物质激励，又称作"薪资激励"或"业绩激励"，通过奖金发放、实物奖励或福利改善等形式，对在校园文化建设中有杰出贡献的团体或个人给予实质性的回馈，以此激励他们更加积极、主动地投入校园文化的创新与发展。例如，为积极参与校园文化活动的师生提供积分奖励；为指导学生在科技竞赛及社会实践活动中荣获重要奖项的教师提供职位晋升或技术职称的特殊通道；对成功打造校园文化标志性活动的学院或学生组织，给予财政和实物资源的支持。物质激励不仅为投身文化建设的单位和个人提供了实质支持，也进一步点燃了他们持续奋斗的热情。

精神激励的作用不容小觑，有时其影响力甚至超越了物质激励。在校园文化建设中，重视精神激励的运用至关重要，包括表彰先进、授予荣誉、树立典型，如通过颁发证书、奖牌及各类荣誉称号，给予参与者充分的认可，让他们深切感受到个人价值，从而激发更高的积极性与创造力。马斯洛在《动机与人格》中讨论人的尊重需求时指出，人们普遍渴望获得稳固的社会地位，并期望获得他人的高度评价和赞誉。因此，在实施精神激励时，既要重视表彰先进，建立模范激励机制，也要关注后进群体，做到以人为本，关怀帮助，营造全校范围内崇尚先进、互相追赶的积极氛围。

（二）目标激励与竞争激励相结合

确立科学且合理的目标设定是激励机制中的关键一环，恰如其分的目标能够点燃人们的热情，并引导他们为之不懈奋斗。在校园文化建设的语境下，文化建设的内涵必须与学校的整体战略目标紧密相连，成为其不可或缺的一部分。学校总体目标作为全校师生团结一心的凝聚点，明确了全体师生的共同努力方向，反映了师生的共同愿望与追求，能有效激发师生的责任感和使命感。另外，各部门及个人在制定具体目标时，应将学校总体目标、部门发展目标与个人职业规划有机融合，确保目标导向的一致性，这样，师生在追求个人目标的同时，还能共同推动学校向既定的宏伟目标前进。

在向既定的宏伟目标前进的征途中，高校应将竞争机制融入校园文化建设实践。这样做，一方面能强化师生员工的危机感、自觉性和竞争意识，激活他们的创新潜能；另一方面能在竞争中甄选出表现优异的师生，尤其是学生中的佼佼者，使之成为群体中的楷模，发挥强大的示范引领作用。实施时，可举办形式多样的评优竞赛活动，这些活动不应仅限于校园内部，还应积极探索与其他高校的横向合作，如跨校知识竞赛、联合研讨会等，以此拓宽师生的视野和交流圈，更有力地促进他们的成长与进步。重要的是，引入竞争激励机制应确保其健康、积极的性质，营造一种既竞争又合作的氛围，教师、学生乃至师生之间在相互比拼中携手前行，通过学习他人的优点自我反省，相互促进，共同提升。因此，在设计竞争激励机制时，务必确保竞争导向正确，确保竞争环境的公正性。通过正确引导竞争的动机、过程与目标，促使全体师生在良性竞争中携手共赴成功的旅程。

第三节　高校校园文化的创新发展

校园文化创新的本质，在于对既有文化的传承、筛选、吸收与融合，并融入新时代的精神内涵，创造出既顺应时代发展又具有前瞻性的先进文化形态，从而为高等教育的革新与进步提供强有力的精神动力与深厚的文脉基础。创新是确保校园文化生机勃勃、持

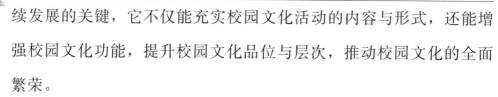

续发展的关键，它不仅能充实校园文化活动的内容与形式，还能增强校园文化功能，提升校园文化品位与层次，推动校园文化的全面繁荣。

一、高校校园文化创新的含义

高校校园文化创新是指高校校园文化主体运用新颖的思维和方法，创造物质和精神成果，旨在达成教育目标，推动高校的发展，并助力社会进步。以北京大学为例，该校紧扣"文明生活、健康成才"的教育理念，深入挖掘开学、奖学金和毕业三大典礼的育人价值，将时代精神与大学精神相结合，极大地推动了校园文化建设的创新与发展。

面对现代高校迎来的新形势和新挑战，校园文化创新的需求越发迫切。校园文化已从原先的教学科研辅助者，逐步成为高校育人工作的核心，是高校综合实力的重要体现和显著标志，更是推动高校深化改革、实现教育现代化的内在驱动力和根本途径。

在高校的发展道路上，创新始终占据着首要位置；在高校改革的进程中，创新是其根本。实际上，高校的改革、发展与校园文化创新紧密相连、相辅相成。高校的改革与发展是校园文化创新的具体体现，因此，要实现高校的改革与发展，就必须对其自身的传统文化进行深刻的变革与创新。加强校园文化创新，是推动和实现高校改革与发展的关键所在。

二、高校校园文化发展的未来趋势

高校作为社会主义精神文明建设的核心领地，其校园文化始终随着社会文化的演进和内在规律的发展持续进步。不论外部环境如何变迁，内部条件怎样调整，高校校园文化创新都是一项不可或缺且至关重要的持续性任务。

（一）大力发展创新创业教育

当前，我国正致力于加大创新创业教育的力度，旨在满足创新型国家建设的需要，提升我国的国际竞争力，优化我国的教育教学质量，以及有效缓解就业压力。在推动创业教育发展的过程中，我们不仅要针对不同类型的高校构建适宜的创业模式，更要在大学文化层面深入培育创业理念，营造浓厚的创业氛围，确保创业精神与大学的使命、办学理念以及人才培养目标高度融合，共同推动教育事业繁荣发展。

1989 年，国际教育会议将专业教育、职业教育和创业教育并列为 21 世纪教育的三大支柱。联合国教科文组织对创业教育的定义如下。广义来说，创业教育旨在培养具备开创性思维的个体。它不仅对创业者至关重要，对职场人士同样重要，因为雇主越来越看重员工的创新精神、冒险精神、创业能力，以及他们在技术、社交和管理等方面的技能。创业教育致力于让受教育者在社会经济、文化和政治等多个领域进行创新实践，开拓或扩大新的发展空间，为他人和社会创造新的机遇，这是一种富有探索性的教育活动。

校园文化建设与创新创业教育紧密相连，二者互为推动，共同促进学生的全面发展。首先，一个积极健康的校园文化对于提升学生的创新创业能力具有不可或缺的作用。高校通过组织多样化的科技创新活动、竞赛和创业论坛，不仅为学生提供了广阔的实践平台，还极大地激发了他们参与创新创业的热情。在这样的环境中，学生得以将理论知识与实践相结合，不断磨砺自己的创新创业能力，从而营造出更加浓厚的创新创业氛围。其次，校园文化能将创新创业教育的目标和内容具体化、实践化，通过师生的日常行为展现出来，进一步促进创新创业教育的深化。同时，创新创业教育的推进反过来推动校园文化的建设与发展。随着学生创新创业能力的不断提高，一些具有独特创新创业能力的学生群体开始崭露头角。他们通过自身的努力和成果，催生并带动了更多校园文化活动的开展，为校园文化建设注入了新的活力。这些活动不仅丰富了学生的课余生活，还促进了学生之间的交流与合作，进一步推动了校园文化的繁荣。因此，我们应高度重视创新创业教育的开展，通过提升学生的创新能力、创业素质，培养他们的创新创业意识和精神，为校园文化建设注入更多的生机与活力。

（二）"互联网＋"为校园文化建设注入新活力

2015 年初，政府工作报告正式提出"互联网＋"战略。这一战略的核心在于，促进新一代信息技术与各行各业的深度融合，从而构建全新的发展生态。对于教育领域来说，网络技术的革新不仅丰富了教育内容和形式，而且通过教育者与受教育者在网络空间的互动和交流，将教育理念深深融入网络环境，潜移默化地影响着受教育者的主体性形成。这种开放、互动的教育方式，为受教育者的主体性发挥提供了有效的引导。

校园文化与"互联网+"的相遇，为校园文化的建设与发展开辟了一个全新的、更广阔的领域。借助"互联网+"的思维方式，部分高校创新性地推出了"互联网+思想教育""互联网+文体活动""互联网+学生服务""互联网+社会实践"等一系列活动。这些活动通过易班、中国大学生在线等网络社区和平台，让全国各高校的大学生会聚一堂，加强了彼此之间的交流与沟通。这些创造性的尝试不仅与"互联网+"的理念高度契合，而且顺应了时代发展潮流，满足了广大师生员工的多样化需求，为校园文化注入了新的活力。

互联网的崛起极大地拓展了校园文化的活动边界和影响力，显著提升了其科技含量。网络不仅拓宽了学生获取知识的边界和途径，使参与式、启发式的教学方式得到广泛实践，更推动了终身学习的普及。通过网络，我们能够展示一个丰富多彩、生动有趣的校园文化，使抽象的概念具体化，极大地增强了校园文化的吸引力和感染力。同时，互联网凭借丰富的信息资源和多样化的传播渠道，为校园文化的建设提供了前所未有的便捷。高校可以根据自身的教育理念和网络特色，精心策划并举办一系列线上才艺表演、交流、讨论等活动，使校园文化活动更加丰富多彩。此外，学校还可以利用网络空间，打造培养学生创新能力的平台，如建立科学创意乐园，利用微博、微信等新型社交媒体，传播富有知识性和趣味性的信息，激发学生的青春活力和才学，培养学生的创新能力，进而不断优化艺术文化，推动校园文化建设的持续进步。

"互联网+"不仅为校园文化建设注入了源源不断的活力，而且极大地丰富了其内涵和外延。在当前背景下，网络文化作为校园文化不可或缺的重要组成部分，地位越发凸显。因此，如何有效利用和建设网络阵地，以及深入开展网络法治宣传、网络文明教育和大学网络道德教育等问题，已经引起社会的广泛关注。健康、合理、高效的网络应用，无疑会对大学生的思想教育、专业学习以及文化引导产生积极而深远的影响。然而，若学校未能妥善管理和引导学生合理使用网络，导致学生沉迷网络无法自拔，甚至受到不良思想的侵蚀，最终走上歧途，则会对学生产生极其严重的负面影响。

因此，对于校园文化建设来说，"互联网+"既是机遇也是挑战。当前，前进的方向已经明确，高校应积极拥抱互联网，勇敢地在这片新天地中加快推动校园文化的发展，确保学生在健康、积极的网络环境中茁壮成长。

(三)"文化+"对校园文化建设提出新要求

近年来，"文化+"这一新概念逐渐崭露头角，它实质上是指文化产业与其他领域的跨界合作和深度融合。这一模式强调文化更加积极、主动地渗透到经济社会的各个角落，其核心在于为各种事物赋予鲜活的文化内核、属性、精神、活力、形态和价值，从而在事物中植入文化的基因。"文化＋民族"，不仅为民族注入了强大的凝聚力、向心力和内生力，还强化了民族的文化认同和自信心；"文化＋社会"，使人类社会展现出更加智慧、有序和持续进步的态势；"文化＋中国"，有力推动了从"中国制造"向"中国创造"的转型升级；"文化＋城市"，让城市焕发智慧的光彩，成为居民心中的理想家园；"文化＋产业"，为传统产业注入了新的活力，同时催生了新兴产业、创意和新业态，极大地促进了文化产业的繁荣发展。总之，"文化＋N"的模式，不仅拓展了无限的发展空间，注入了无穷的发展潜力，而且催生了无数创意、创新和创造，为经济社会的发展注入了新的活力。

显然，"文化＋"这一概念将文化置于前所未有的重要地位，视其为推动一切事物可持续健康发展的根基。同时，文化作为一种软实力，与其他领域的"＋"合与如何"＋"合，本质上都是创新的体现。从这个角度来看，"文化＋"不仅是一个概念，而且是一种新思维，是创新驱动发展战略的生动展现。在实践中，全国各地纷纷进行"文化＋"的积极探索，如"文化＋城市""文化＋科技""文化＋金融"等模式，这些探索均以文化为引领，带动并提升各领域发展的层次与水平，创造出独特的发展特色与亮点。

大学，作为思想交流最活跃、创造力最旺盛的学术圣地，是新思想、新知识、新文化的摇篮。它以超越时代和社会的眼光，科学长远的前瞻意识规划未来，成为引领文化发展的先锋。因此，大学校园文化应当拥有更加坚定的文化自信和自觉，对自身提出更高的要求，不断提升建设的层次与水平，在"文化＋"的实践中发挥更大的引领作用，为社会文化的发展贡献更多的智慧和力量。

在校园文化建设方面，我们需要在精神文化、制度文化、行为文化和物质文化等多个层面提出更高的要求。对于那些低层次、杂乱无序的文化建设和活动，我们要有勇气进行精简和整合，致力于打造校园文化精品，形成独特的特色和优势，从而全面提升校园文化水平。我们要以高雅的校园文化吸引和熏陶师生员工，使校园文化成为学校发展的灵魂，成为学校不断前进的动力源泉。只有当校园文化的层次更加高端，内容更加丰富时，它才能真正受到师生员工的欢迎，在"文化＋"的发展中发挥更大的作用。为此，我们需要确保校园文化建设的每个方面都与师生员工的实际需求紧密相连。另外，校园文化的建设需要主动融入师生员工的日常生活和学习，渗透学校发展的各个方面，包括科学研究、课堂教学、产学研合作、社会实践、科技竞赛等。我们应当积极构建"文化＋科学研究""文化＋科技合作""文化＋社会实践"等新模式，使校园文化与学校的各项工作相互融合，相互促进。然而，提升校园文化建设的层次和水平并不是自我陶醉或脱离实际的自我发展。相反，我们必须深深扎根于师生员工中，紧密结合他们的需求和学科建设、科技合作、课堂教学等实际工作，使校园文化真正成为推动学校各项工作的强大引擎。只有这样，校园文化的发展才能拥有坚实的根基，保持旺盛的生命力，为学校的发展注入源源不断的动力。

第四节　高校校园文化实现路径

在我国社会主义文化建设过程中，高校校园文化占据着举足轻重的地位。它不仅在推动社会主义先进文化的健康发展、巩固全社会共同思想基础方面发挥重要作用，而且在增强民族感召力和凝聚力、促进社会和谐等方面起到关键作用。要实现高校校园文化的大发展大繁荣，从根本上讲，需要全体师生员工文化素质的整体提升。然而，这种提升不是单纯依赖师生员工的道德自觉与自律，高校也肩负着正确引导的重任。高校应积极营造浓厚的文化氛围，充分调动全体师生员工的能动性和创造性，为校园文化建设的蓬勃发展探索切实可行的路径。

一、高校校园文化建设大发展大繁荣的战略意义

关于文化问题的探讨与研究，多年来一直是中外学者和专家关注的焦点，其魅力历久弥新。随着国际大背景的快速演变，竞争焦点从经济、科技、军事等传统硬实力逐渐转向文化、意识形态等软实力。这一转变让我们更加深刻地认识到文化问题的重要性和紧迫性。文化，作为一个民族在全球化进程中的独特标识，不仅是其集体记忆和精神家园，更是一个国家综合国力不可或缺的重要组成部分。在现代社会，文化的内涵日益丰富，其重要性越发凸显。作为民族凝聚力和创造力的源泉，文化对国家的经济社会发展起着越来

越关键的支撑作用。特别是，中国特色社会主义文化已成为推动国家富强、民族振兴的重要力量。高校，作为传播知识、培养人才、科学研究、服务社会的圣地，其师生是中国特色社会主义事业建设的中坚力量。因此，高校校园文化建设的重要性不言而喻，它直接关系到国家、社会以及国民的前途与命运。面对当今世界和中国社会的急剧变化，以及国际各种思潮的碰撞与交锋，高校校园文化建设更应保持清醒的头脑。我们需要创造出既传承中华民族优良传统又彰显鲜明时代特色，既立足国情现实又展望未来发展，既立足中国又面向世界的新文化。要以高度的文化自觉、文化自信与文化自强，更加积极、主动地推动高校校园文化建设的大发展大繁荣。这样，我们才能为增强我国文化软实力、弘扬中华优秀传统文化、建设社会主义文化强国做出应有的贡献。

高校校园文化建设的大发展大繁荣，在中国全方位崛起的进程中，扮演着举足轻重的角色。大国之崛起，不仅在于经济实力的腾飞，还在于文化思想的繁荣。改革开放以来，我国经济建设的辉煌成就已为世界所瞩目，这无疑为我国的崛起奠定了坚实的基础。然而，面对日益激烈的国际竞争，我们必须清醒地认识到，国家的崛起需要"两条腿走路"：一条"腿"是坚实的物质硬实力，另一条"腿"是深厚的文化软实力。物质硬实力是国家发展的基石，文化软实力则是国家精神的灵魂。缺乏物质硬实力，国家可能会轻易倒下；而缺乏文化软实力，国家则可能在没有外力推动的情况下自行崩溃。因此，在追求经济崛起的同时，我们必须同步推进中华优秀文化的伟大复兴。物质的强大只能让国家变得富有，只有精神的强大才能真正让国家变得伟大。高校校园文化作为社会主义文化建设的重要一环，应当以开放的心态和广阔的视野，积极吸收和借鉴西方校园文化建设的先进经验，兼容并蓄，为我所用。高校校园文化的繁荣，不仅关乎高校自身的发展，而且承载着推动中国全方位崛起的重任。我们应当以高度的责任感和使命感，积极推动高校校园文化建设的大发展大繁荣，为实现中华民族伟大复兴贡献高校应有的力量。

二、高校校园文化建设大发展大繁荣的具体路径

（一）高校领导者应具有高度的文化自觉

高校领导者应秉持的文化自觉，在于对校园文化本质、运行规律的深刻洞察，以及对高校肩负的文化职责的感性与理性双重认知。他们应对本校的校园文化建设进行深思熟虑的长远规划和系统部署。当前，众多学校致力于将自身打造成为综合型、研究型、国际性的国内或国际一流学府，这样的目标无疑是值得追求且必要的。然而，在这一过程中，我们不能忽视高校的个性特质。因为，只有当高校拥有独特的个性时，它培育的人才才能展现出与众不同的风采。高校的个性不仅体现在专业设置和重点学科建设的特色上，而且在校园文化中得到了彰显。我国的各大高校应当结合所处地域的地理环境、丰富的社会资源，以及本地区社会经济发展的实际需求，

精准定位自身的发展方向和办学理念，从而塑造出鲜明的个性。然而，我国某些高校缺乏个性的根源是，学校领导者在文化自觉方面不足。

（二）培育大学精神，提升高校内在精神含量

大学精神，作为高校的核心与灵魂，承载着其存在的根本意义。这种精神，是在高校漫长的发展历程中，由全体师生共同培育、积累的。它凝聚了本校独特的办学理念、鲜明的个性气质、崇高的精神风貌、高尚的道德水准和卓越的文化品位。这种精神，经历了时间的沉淀、历史的筛选和集体的凝聚，最终形成了能够体现高校独特风貌和价值的理想信念、价值取向、行为准则和群体意识，是高校生存与发展的精神支柱，为全体师生员工所认同并共同遵循。

在我国，并非每所高校都拥有独特的精神内核。实际上，大学精神的形成与认同并非一蹴而就的，也并非自发产生的，而是需要经历长期的历史沉淀与文化传承。这一精神是在高校建设发展的历程中，将高校的办学理念、精神风貌、个性气质等元素逐渐凝聚、升华，最终成为师生员工共同的精神品质与价值取向，并作为行为准则规范自身。校园文化作为大学精神的重要载体，集中体现了大学精神的精髓。因此，大学精神的培育应当贯穿校园文化建设的始终。大学精神一旦形成，就会渗透于各种文化形式和活动中，成为全校师生员工坚定而强大的精神力量。这种精神力量以其独特的导向、凝聚、鼓舞、塑造等功能，在高校校园文化建设中发挥着举足

轻重的作用。

（三）丰富校园文化活动，增强高校内在凝聚力

作为校园文化的重要载体，校园文化活动的形式、内容、风貌与内涵直接关联着校园文化建设的方向和深度。文化无处不在，无时不有，校园文化也不例外，它源自每位师生员工的日常行为和彼此间的互动交往。因此，校园文化建设的核心不应局限于满足特定领导或少数人的喜好，而应致力于促进全体师生员工的自由全面发展。我们需要让每个人深切感受到自己是这个大家庭中不可或缺的一员，共同关注高校的发展，积极参与高校的建设，达成"校荣我荣、校耻我耻"的共识。高校应加强对校园文化活动的全面领导，进行总体规划和部署，并倡导全员参与、共建共享。通过建立和完善激励机制与保障体系，进行正确的价值引导，鼓励更多师生员工自发、积极地投身校园文化建设。我们可以举办一系列积极向上、形式新颖、内容丰富的校园活动，如学科竞赛、科技创新、知识竞赛、演讲比赛、体育比赛、艺术节等，以增强师生对学校的认同感和归属感，培养他们的荣誉感和自豪感。在学生社团的建设上，我们应特别注重其作为校园文化活动创新力量的作用。学生社团能够聚集具有共同兴趣和爱好的年轻人，不仅有利于他们发挥个人特长和潜能，还有利于促进大学生的自我教育和自我约束。在各种社团活动中，通过对国家政策方针的学习，社会热点的剖析，以及对理想与信念、人生与社会等议题的探讨，大学生能够逐渐形成一致的

正确认知，增强时代责任感和历史使命感，同时充分展现他们的能动性和创造性。学校各部门应密切协作，提供包括资金、场地、设施等全方位的支持，积极推动学生社团开展特色鲜明、健康有益的文化活动，共同为校园文化的繁荣发展贡献力量。

参考文献

[1] 曹义泽.思想政治教育与高校学生管理有效融合方法探析 [J].现代交际，2018（23）：154—155.

[2] 常多.新形势下高校学生管理创新的思考 [J].农家参谋，2019（24）：288.

[3] 常斐.高校学生管埋与服务创新研究 [J].产业与科技论坛，2013（21）：235—236.

[4] 常喜.基于学生主体发展的我国高校学生管理改革路径研究 [J].才智，2018（23）：164.

[5] 陈菲.高校校园文化建设与学生管理创新探讨 [J].中外企业家，2017（7）：200.

[6] 陈雯.浅谈高校校园文化与高校学生管理工作 [J].劳动保障世界（理论版），2013（11）：98.

[7] 邓云莉.基于学生主体发展的高校学生管理改革路径探究 [J].西部素质教育，2017（4）：19.

[8] 杜军莲.高校学生管理观念的现代转变 [J].中国建材科技，2016（1）：139—140.

[9] 段妍君.论高校学生管理观念的现代转变 [J].现代营销（学苑

版），2013（7）：31.

[10] 房大任.基于高校学生管理中的心理契约模式的分析与研究 [J].
    佳木斯教育学院学报，2012（10）：107.

[11] 高红英.论"以人为本"的高校学生管理 [J].中小企业管理与
    科技（上旬刊），2013（2）：236.

[12] 耿潇潇.浅析高校校园文化建设与学生管理工作的互动机制 [J].
    科技信息（学术研究），2008（6）：70.

[13] 郭静，程爱民，杨丽珍.从校园文化建设视角浅谈高校学生管
    理工作的创新 [J].扬州教育学院学报，2013（1）：65—67+91.

[14] 胡忠光，彭春妹，曾小红.高校学生管理中的心理契约构建 [J].
    太原城市职业技术学院学报，2010（4）：98—99.

[15] 李斌.论高校学生管理法治化与和谐校园建设 [J].赤子（上中
    旬），2017（7）：198.

[16] 李根启.浅谈民办高校学生管理中的科学性 [J].科教导刊（中
    旬刊），2014（14）：244—245.

[17] 李慧，王章硕.信息化背景下高校学生管理创新分析 [J].大学，
    2022（20）：33—36.

[18] 李金平.高校学生管理民主化建设路径探索 [J].产业与科技论
    坛，2015（8）：158—159.

[19] 李月云，王德玉.应用型高校学生管理理念和管理模式转变的
    探索 [J].江淮论坛，2013（1）：62—65.

[20] 刘光林，李磊.多校区高校学生管理存在的问题与对策研究 [J].

陕西教育（高教版），2014（6）：54.

[21] 刘青春.信息时代高校学生管理模式的转变及创新 [M].沈阳：
辽宁大学出版社，2021.

[22] 乔春梅.新时代高校学生管理与思想政治教育耦合机制研究 [J].
行政科学论坛，2022（11）：48—51.

[23] 阮方明.高校学生管理法治化进程中辅导员的角色定位 [J].福
建教育学院学报，2010（6）：12—15.

[24] 苏清山.高校学生激励管理策略应用分析 [J].产业与科技论坛，
2023（8）：276—277.

[25] 孙翱.新时期高校学生管理研究 [J].黑龙江科技信息，2010
（10）：140.

[26] 唐慧琳.人文视角下高校学生管理的新审视 [J].中国成人教育，
2016（15）：49—51.

[27] 田原.柔性管理在高校学生管理工作中的运用 [J].辽宁开放大
学学报，2023（2）：65—67.

[28] 汪军.论高校学生管理观念的现代化转变 [J].才智，2017
（19）：155.

[29] 王炳堃.高校大学生管理教育与校园文化建设 [M].长春：吉林
出版集团股份有限公司，2021.

[30] 王春宝，张永越.高校学生管理创新理念研究 [M].北京：中国
商务出版社，2023.

[31] 王宏伟.基于学生主体发展的高校学生管理改革路径分析 [J].

中国管理信息化，2016（20）：235.

[32] 王琦 . 以学生为本，构建高校学生管理新模式 [J]. 辽宁行政学院学报，2014（7）：90—91.

[33] 王娅静 . 谈校园文化建设对非艺术类高校艺术专业学生管理的作用 [J]. 科技视界，2013（04）：105.

[34] 王延卿，施四平 . 校园文化建设对高校学生管理的作用 [J]. 统计与管理，2014（5）：176—177.

[35] 文聪 . 浅析高校学生管理中的思想政治教育 [J]. 品牌（下半月 ），2015（6）：260.

[36] 吴昊鹏，王雅坤 . 高校校园文化建设路径与学生管理的开展建议思考 [J]. 信息记录材料，2017（8）：139—140.

[37] 吴文静 . 高校学生管理与模式创新研究 [M]. 北京：北京工业大学出版社，2023.

[38] 武洋 . 学生主体发展背景下的高校学生管理改革路径 [J]. 农家参谋，2017（18）：188.

[39] 项昱 . 高校学生管理中学生社团的作用分析 [J]. 才智，2019（22）：82—83.

[40] 徐达 . 论网络时代高校学生管理创新策略 [J]. 文化创新比较研究，2019（8）：52—53.

[41] 闫婕 . 网络环境下高校校园文化建设研究 [M]. 长春：吉林人民出版社，2020.